山东大学儒学高等研究院科研成果
山东大学曾子研究所科研成果
曾子研究院科研成果
曾智明"曾子学术基金"科研成果

汉字中国

曾振宇 主编

Chinese Characters

仙

李金山 著

华夏出版社
HUAXIA PUBLISHING HOUSE

图书在版编目（CIP）数据

仙 / 李金山著. -- 北京 : 华夏出版社有限公司, 2024.1
（汉字中国 / 曾振宇主编）
ISBN 978-7-5222-0281-5

Ⅰ. ①仙… Ⅱ. ①李… Ⅲ. ①汉字—通俗读物 ②中华文化—通俗读物 Ⅳ. ① H12-49 ② K203-49

中国版本图书馆 CIP 数据核字（2022）第 003437 号

仙

著　　者	李金山
责任编辑	蔡姗姗
责任印制	周　然

出版发行	华夏出版社有限公司
经　　销	新华书店
印　　装	三河市万龙印装有限公司
版　　次	2024 年 1 月北京第 1 版 2024 年 1 月北京第 1 次印刷
开　　本	880 mm × 1230 mm　1/32
印　　张	8.625
字　　数	165 千字
定　　价	59.00 元

华夏出版社有限公司　地址：北京市东直门外香河园北里 4 号　邮编：100028
网址：www.hxph.com.cn　电话：（010）64663331（转）
若发现本版图书有印装质量问题，请与我社营销中心联系调换。

序

　　《汉字中国》丛书即将付梓，主编曾振宇教授嘱我在书嵓写几句话。我认为"汉字中国"是个好题，丛书的出版是件好事，摆到读者面前的是一套好书，振宇教授美意岂能却之？遂谨献鄙意如下。

　　首先我想说，这是一套什么样的丛书。显然，它不是研究中国文字的学术丛书，而是在文字研究基础上通俗地讲述中国自有的文化哲学体系中一批重要概念的著作，是一套把汉字与它所承载的哲学概念如何紧密地融合起来这一独特的现象呈现出来的创新之作。

　　丛书的编著者们认为"中国本土哲学与文化形态中的概念、文字和词语是中国哲学与文化的'结晶体'"。这是一个含义很深邃又很形象的比喻。这就意味着《汉字中国》将对中国哲学与文化的概念进行深入解读，探索其内涵和外延，从而发掘、展现中华文化与其哲学的精神、品质、性格的独特性，消解中国哲学与文化之双足只穿西方哲学之鞋履所带来的误解、困惑与尴尬。反过来看，通过对中国哲学与文化的认知和体验，又可以明了并深化对这些汉字形音义的来龙去脉、衍生变异以及遗存、渗透在现代汉语词汇中的文化基因的认识。或许这也是本套丛书冠以"汉字中国"之名的用意所在吧。

诚然,《汉字中国》所分析、论列的,大多是日常所用的字词,有些即使是"专门"词语,也已经为越来越多的人所习见;但是,由于种种历史的、社会的原因,今人也常常与这些字词的深意若即若离。而如果忽略了汉字在数千年传承、延绵、孳乳、变异过程中沉淀于后世语言形式里的传统文化意义,就会冷淡了中华文化的特性,很可能语言/概念发生"漂移"现象,不得已时只好乞灵于异质文化,从而难以形成阐述中华文化的中国话语体系。

"结晶体"这样一个形象而很有意趣的比况,更会引发读者的遐想:在这个"结晶体"里面,有着丰富多样的微观世界,中国文化的种种现象和思想都在有序地存在着、排列着。由此可以想见,《汉字中国》的筹划、酝酿、研究,用心良苦矣!我不由得又想到,《汉字中国》的影响所及,可能并不仅限于人文社会科学、哲学领域,即使在构建科学技术伦理、自然语言处理、人机对话、中外语言互译,乃至人工智能等领域,似乎也可以参考一下吧。

话说得远了些,就此搁笔。
忝谓之"序"。

许嘉璐

2019 年 8 月 22 日

汉字中国·仙

目录

第一章
"仙"的缘起 ·· 1
第一节 "仙"字起源的文献学考察 ················ 1
第二节 从"生死"到"不死":神仙观念缘起的思想背景···· 5
第三节 人神关系的变迁与神仙思想的历史形成 ········ 16

第二章
战国秦汉时期的求仙活动与神仙思想 ············ 28
第一节 方士群体的崛起与君王的求仙活动 ············ 28
第二节 战国秦汉时期的"仙人"观 ·················· 40
第三节 人物、经典与战国秦汉时期神仙理论的构建 ···· 49

第三章
魏晋六朝时期神仙思想的发展与复杂化 ·········· 59
第一节 魏晋六朝时期的思想解放与生命意识 ·········· 59
第二节 毕天不朽的追求——葛洪与《抱朴子内篇》······ 63

第三节　魏晋政治与神仙思想 ··· 69
第四节　改革"三杰"与神仙思想的流布 ································· 73
第五节　神仙与佛陀：佛道相争与仙佛思想的交流 ··············· 83

第四章
隋唐五代时期神仙思想的兴盛 ·············· 90

第一节　崇道之风与成仙热望 ··· 90
第二节　"重玄"之道与神仙思想 ··· 98
第三节　唐人仙话话仙人 ·· 102
第四节　挑战与调整：唐宋之际神仙思想的转型 ··················· 112

第五章
两宋时期神仙思想的革新与转型 ·············· 127

第一节　两宋的神仙往事 ·· 127
第二节　道派勃兴与著名的神仙道士 ····································· 138
第三节　两宋内丹术发展与成仙思想的变革 ·························· 147

第六章
元代的道派合流与神仙思想 ··············· 160

第一节　邱处机与全真教的神仙思想 ····································· 160
第二节　玄教的崛兴与符箓派改革 ··· 168
第三节　道派合流与仙道思想的交融 ····································· 177
第四节　元代的八仙传说 ·· 186

第七章

明代社会与神仙思想的世俗化 ················ **195**

第一节 明代诸帝与神仙道 ················ 195
第二节 一代"隐仙"张三丰 ················ 204
第三节 张宇初与正一教 ················ 212
第四节 明代社会与神仙思想的世俗化 ················ 219

第八章

清代道教衰落与神仙思想 ················ **229**

第一节 帝国的仙佛事 ················ 229
第二节 龙门派崛起与王常月的仙道思想 ················ 239
第三节 蒲松龄与仙话故事 ················ 246
第四节 积善成仙与道教善书的仙道伦理 ················ 251

参考文献 ················ **259**

第一章
"仙"的缘起

"仙"是中国文化中的独特概念,它以追求长生久视为根本目标,高度地凝聚着中国古人的精神信仰,集中表达了古人美好的生命理想;同时与东西方其他民族的宗教信仰不同,它追求生命的当下超越,蕴藉着人间性和现实关怀,深具中华文化的底色和个性。神仙思想诞生于中华文化的母体之中,但"仙"的概念具体起源于何时,由于年代久远,史料湮灭,目前尚难断定。然从宗教发生学的角度和人类思维发展的一般规律出发,我们仍可以对"仙"学思想的缘起背景做一番探究。

第一节 "仙"字起源的文献学考察

考察"仙"字的起源,首先要从文献学的角度梳理"仙"字,它是在什么语境之下出现于中国的文字系统乃至观念系统的,又是何时演变成为后世的仙人或者神仙的专职称谓的。

从汉字演变的角度看,"仙"作为会意字,是相对晚出的汉字,且在目前存世的商周时代的甲骨文、金文资料中尚未发现"仙"字,东汉许慎的《说文解字》中有关于"仙"字的小篆写法,如下:

许慎将"仙"解释为"长生仙去""人在山上"。许慎对"仙"字的解释代表汉人观念中"仙"的涵义,并非其原始的意义。不过"仙"字的字体结构透露出一些更原始的信息,我们据此可试做一番推论。

"仙"的两种写法均从人,属人部,说明该字必与人的活动相关联。从字体构成上看,第一种关于"仙"的写法似更古老,字体的右半部与甲骨文的"🀫"(舁)、"🀫"(兴)字形结构有相似之处,均指合众力推动或托举之意。"🀫"即"西",指用绳索捆绑的包袱或行囊。与其字形结构相似的"迁",其小篆写法为"🀫",意指提携财物,迁往他处,其下"🀫"实为金文"🀫"(邑)的误写,表示迁往的地点。而"仙"字篆文中的"🀫",即"卩",像人跽伏之形。徐中舒《甲骨文字典》卷九指出,"🀫"当为祭祀时之行礼活动[1],似为殷人祭祀时的跪拜姿态。据此,我们可以大致判断"仙"的造字本义是合力托举某物,似有向天神跪拜献祭之意。

第二种"仚"字的写法,会意色彩更加明显,许慎解释为"人

---

[1] 徐中舒主编:《甲骨文字典》,四川辞书出版社1989年版,第1000页。

在山上",有升登之意,也指仙人所居为远离人间的高山,借此可摆脱俗务牵累,获得自由。段注"引申为高举貌"[1]。由上述分析可知,"仙"字的最初意义当为人的某种行为,从词性上看,非名词,而是动词,与后世神仙的概念判然有别。

"仙"字在先秦典籍里就已经出现。据学者研究[2],"仙"字最早出现在《诗经·小雅·宾之初筵》中。诗云:

> 宾之初筵,温温其恭。
> 其未醉止,威仪反反;
> 曰既醉止,威仪幡幡。
> 舍其坐迁,屡舞仙仙。
> 其未醉止,威仪抑抑。
> 曰既醉止,威仪怭怭。
> 是曰既醉,不知其秩。[3]

《宾之初筵》讽刺了酒宴中饮酒无度而失礼败德的行为,诗篇详细描写了宴会全过程,前后共有五个部分,整个宴会前后的秩序、氛围以及宾客们的仪态均发生了很大的变化。这里的关键是宾客们从"未醉"到"既醉"。在"既醉"之后,宾客们开始离席起舞,诗中用了一系列词表达宾客起舞的状态:从"屡舞仙

---

[1] (汉)许慎撰,(清)段玉裁注:《说文解字注》,上海古籍出版社1981年版,第383页。
[2] 陈静:《"仙"字溯源》,《中国道教》2003年第3期。
[3] 程俊英:《诗经译注》,上海古籍出版社1985年版,第455页。

仙"到"屡舞傲傲",再到"屡舞僛僛",每一阶段醉酒状态逐渐加重。"傲傲"表示"身体歪歪斜斜的样子","僛僛"表示"醉舞盘旋不停的样子",而"仙仙"是醉酒较轻状态下的"舞姿轻盈的样子"。[1]"仙仙"的状态展现出宾客们在酒精的刺激下,逐渐摆脱礼仪束缚而体会"不知其秩"的自由与放松。段注引《小雅》"屡舞仙仙",释"仙"字有"舞袖飞扬"之意[2],颇有浪漫意象。

"仙"字首次出现时两字连用,表达一种轻盈、自由的状态,这大约就是最初的"仙姿"。这一较原始的语义,就像文字的基因密码,传承和保留在后来的有关汉字字词中。比如今天仍在使用的成语"飘飘欲仙""仙风道骨"等,都反映出一种轻盈、飘逸、洒脱的状态;再比如,中国人心目中象征吉祥的鸟——鹤,人们常常在其名前冠一"仙"字,称为"仙鹤"。这是因为鹤常常自由自在地飞舞于青山秀水之间,轻盈、灵秀、脱俗,颇有几分"仙姿"。

从文献记载来看,至迟在战国,"仙"字已具备后世仙人的含义,他们居于仙境,有长生不死之术,能自由往来于天地之间。道家典籍《庄子·天地》云:"千岁厌世,去而上仙;乘彼白云,至于帝乡。"[3]道家眼中的圣人,是顺应自然而无心于万物的,千年之后厌弃人间,驾乘白云,飞往天界。这里的"去而上仙",有

---

[1] 《诗经译注》,第458页。
[2] 《说文解字注》,第383页。
[3] 方勇译注:《庄子》,中华书局2015年版,第185页。

"飞升""升天"之意，已隐含着"升天登仙"的意境。

战国时期，燕、齐一带的方士兴起求仙和访求不死之药的热潮，神仙观念和神仙信仰在这一区域形成并向周边一带传播。《韩非子·外储说左上》就提到燕国国君曾派人向方士学习不死之术。当时人们认为仙人多居于东方海上的神山中。《史记·封禅书》追溯了战国时期齐威王、齐宣王、燕昭王多次派遣方士入海求仙之事。方士求仙经年，但神山终莫能至，而不死仙药亦未能得。即便若此，不死长生的终极诱惑仍吸引着一代代世俗君王们前仆后继。

从"仙"初次在先秦文献中出现，表达一种自由无序的状态，到战国中后期求仙活动的兴起，这期间，"仙"的内涵发生了重大变化，而这种变化是如何发生的，这是我们了解"仙"字缘起和神仙思想萌芽的关键。

第二节　从"生死"到"不死"：神仙观念缘起的思想背景

有学者指出："研究一种思想的起源，首要的是关注此种思想体系的诸元素在历史上什么时候开始提出，如何获得发展，这些元素如何经由文化的、历史的演进而演化以及此种思想的气质与取向和文化传统的关联。"[1] 循此思路，本文在梳理早期文献中

1　陈来：《古代宗教与伦理：儒家思想的根源》，生活·读书·新知三联书店2009年版，第17页。

"仙"字涵义的演变之后，再试从思想史角度梳理神仙观念的诸种思想基因的产生背景以及它们如何演进并融入神仙思想体系中。由于"不死""永生"等观念是神仙观念的思想基因，下文即以古人生死关怀为切入点，对此试做一番检视探查。

一、生死问题的理性认知

生死大事是人类必须直面的话题，它关涉所有人，无论人们贤愚贵贱，还是贫富穷达，因此具有最广泛意义上的"群众基础"，是一切宗教发生的源泉。神仙信仰的萌发，自然也是为解决这一终极问题。先秦时期作为中国文明传统的重要奠基期，我们的文化如何看待生死，势必对神仙观念的产生发挥深远影响。为具体说明这些问题，本文试从中国文化传统的儒、道思想体系中，对生死观做一番梳理对比。

从存世的涉及生死问题的资料中，我们可以判断早在先秦时期，至迟东周，重视生命、反思死亡价值等已成为当时知识阶层的共识或普遍关心的话题。在思想大解放、社会大动荡的特殊时代，人们对生命与死亡开始了自觉理性的思考，正因为当时的生存境况堪忧，生命就愈显可贵。

从存世的早期文献记载来看，先秦时期的中国先民已经对生死问题有了相当高程度的理性认知，他们意识到生死现象是一个常见的自然过程，生命本身是一个有限的感性存在。比如，儒家认为生死在天命，不以人的意志为转移："死生有命，富贵在天"[1]，"死之短长，时也"[2]。正如事物有始则有终，生死也是自然变化之常理，"原始反终，故知死生之说"[3]"生，人之始也；死，人之终也"[4]。道家则以更加冷静、豁达的心态看待生死："天地不仁，以万物为刍狗。""故飘风不终朝，骤雨不终日。孰为此者？天地。天地尚不能久，而况于人乎？""死生，命也。其有夜旦之常，天也。""有乎生，有乎死，有乎出，有乎入。""孰知死生存亡之一体者。"[5] 可见，先秦时期以儒、道为代表的先哲们，理性上已意识到生命与生死问题的自然之理；但在形而上的层面，如何看待生命与生死的意义则更为关键，这正是儒、道生死观真正分歧之所在。

二、儒、道生死观的分野

儒家从关注现实、重视社会人伦价值的角度出发，强调生命的价值和死亡的意义。

　　季路问事鬼神。子曰："未能事人，焉能事鬼？"

1　陈晓芬、徐儒宗译注：《论语・大学・中庸》，中华书局2015年版，第140页。
2　郭丹、程小青、李彬源译注：《左传》，中华书局2012年版，第664页。
3　杨天才、张善文译注：《周易》，中华书局2011年版，第569页。
4　方勇、李波译注：《荀子》，中华书局2015年版，第308页。
5　以上均见汤漳平、王朝华译注：《老子》，中华书局2014年版。

曰:"敢问死。"曰:"未知生,焉知死?"[1]

在儒家看来,人首先是立足于现实社会,并应重视现实人生,把建立和平、有序的社会作为首要问题来考虑,对死亡、鬼神、彼岸世界等问题持回避态度,体现了儒家重视现实社会,视国家和社会优先于个人,把个人融于社会之中的思想。

朝闻道,夕死可矣。[2]
志士仁人,无求生以害仁,有杀身以成仁。[3]
生亦我所欲也,义亦我所欲也。二者不可得兼,舍生而取义者也。[4]
存其心,养其性,所以事天也。夭寿不贰,修身以俟之,所以立命也。[5]

儒家这种道义担当的精神、仁义重于生命的主张,是其生死观的核心内容,它反映出儒家对生命价值反思的起点和归宿点是社会人伦。从一般意义上看,先秦儒家十分珍视生命。《论语·乡党》里记述了孔子家马厩失火的故事:孔子退朝回家后,先问的是人受伤了没有,却未问及马。《孟子·梁惠王上》记载孔子对三代以来残忍的人殉制度表达了强烈的愤慨,进行了无情的抨击。

---
[1][2][3]《论语·大学·中庸》,第128页、第42页、第187页。
[4][5] 方勇译注:《孟子》,中华书局2010年版,第225页、第257页。

这些例子都可以看出孔子对生命价值的珍视程度。然而，儒家认为个体的生命本身固然重要，但生命的意义却不在于此，而是体现在其对群伦存在的贡献上。人立于现实社会，生命的最高意义在于实现社会人伦的价值理想，这种理想常被集中表述为圣贤人格和"三不朽"，即所谓"圣人，人伦之至也"[1]"大上有立德，其次有立功，其次有立言"[2]。儒家把践行人伦之道，学做圣贤以及立德、立功、立言视为不朽的生命意义，强调其对社会群伦的价值，把个人德行、功业和垂范后世的言论积淀融入持续演进的群体历史中，从而超越个体生命的有限性，获得生命意义的不朽。

与儒家不同，先秦时期的道家等学派则代表另一种意义追求的生死观。他们高扬个体生命的本身价值，珍视、尊重个体生命的权利，平等看待生命，努力探索安放生命的家园，寻求生命的超越。

道家从重视个体生命的角度出发，形成了贵身、惜生的思想。

> 是以圣人后其身而身先，外其身而身存。[3]
>
> 五色令人目盲，五音令人耳聋，五味令人口爽，驰骋畋猎令人心发狂，难得之货令人行妨。是以圣人为腹不为目，故去彼取此。[4]
>
> 故贵以身为天下，若可寄天下；爱以身为天下，若可

---

1 《孟子》，第130页。
2 《左传》，第1328页。
3 4 《老子》，第27页、第45页。

托天下。[1]

　　名与身孰亲？身与货孰多？得与亡孰病？甚爱必大费，多藏必厚亡。[2]

　　道家视生命比最高的帝王权位更重要、比一切名利财富更有价值，把个体生命当作目的，而不是手段。关怀生命的首要任务是避免和抵御那些妨害生命的事物，道家冷静而清醒地认识到过度地追求名利、财富、声色会破坏生命的质朴与本真，这些已成为生命自我的最大戕害和负累。因此，它把摆脱生命负累、重返生命本真视为人生的终极目标。同样，道家对儒家标榜的人伦价值、主流的文明礼仪也给予了深刻的反思和有力的批判。"大道废，有仁义；智慧出，有大伪；六亲不和，有孝慈；国家昏乱，有忠臣。"[3] "夫礼者，忠信之薄而乱之首。前识者，道之华而愚之始。"[4] "昔者黄帝始以仁义撄人之心……于是乎喜怒相疑，愚知相欺，善否相非，诞信相讥，而天下衰矣。"[5] "举贤则民相轧，任知则民相盗。"[6] 道家指出，这些异化的文明已经背弃了大道，违反了生命的内在和谐，妄图通过人伦规范、礼仪制度来超越生命的有限，只能适得其反，加剧生命自我的丧失。"故尝试论之，自三代以下者，天下莫不以物易其性矣。小人则以身殉利，士则以身殉名，大夫则以身殉家，圣人则以身殉天下。故此数子者，

---

1 2 3 4 《老子》，第49页、第176页、第70页、第142页。
5 6 《庄子》，第162页、第381页。

事业不同，名声异号，其于伤性以身为殉，一也。"[1]

　　道家认为，生命的价值不在于追逐声名，成贤成圣，而在于涵养生命本身，寻求与大道为一，以获得生命的自由与逍遥。为此，道家一方面以豁达的心态看淡或等视生死，即《老子》的"出生入死"[2]、《庄子》的"不知说生，不知恶死"[3]等，同时要淡泊名利，摈弃生命的负累，提出了"故知足不辱，知止不殆，可以长久"[4]"物物而不物于物"[5]，人的生命自由不应为外物所牵累、役使。另一方面则发展出一套摄生、养生的理论。《老子》认为生命本身源自"道"，如能摄养生命，与"道"为一，就能进入"无死地"的境界。"盖闻善摄生者……兵无所容其刃。夫何故？以其无死地焉。"[6]《庄子》则以著名的"庖丁解牛"的故事为喻，阐明作者顺应自然的养生思想。以豁达之心应对生死，脱却物欲牵累，顺应自然，虚静养神，不仅涵养了生命，还进而获得了个体的自由与逍遥，生命自我也就找到了永恒归宿，实现"独与天地精神往来"[7]"与物为春"[8]的最高价值。

　　综上分析，"轴心时代"的中国社会，在生死观的演进链条上，儒、道两家分别代表着两大传统，即生死的价值被安顿在群伦和个体对立的两极上。但差异甚巨的两者却有一个最大的共同之处，即他们均按照自己的方式把生命理想的实现安放在今生今世，落实在现实人间，而非彼岸天国，这就为中国智慧的"此岸

---

1 3 5 7 8 《庄子》，第136页、第95页、第318页、第583页、第86页。
2 4 6 《老子》，第27页。

性"奠定了基调。对比而言,道家生死观所高扬的生命个体价值,其蕴含的生命可贵、重身养生等思想元素,更易于导源和开启追求生命永固的神仙思想。

三、从祈寿到不死

在梳理了"生死"关怀之后,我们把目光转向"不死"[1]观念。"不死"观念的产生从根本上说源自人性。好生恶死是人之本性,人类因具备自我意识,故能不断反省人生,关怀生死。人类在本质上是现实性的有限存在。"人生天地之间,若白驹之过隙,忽然而已。"[2]而人类的自我意识却使人不甘于有限性的束缚,总是试图超越有限去张望无限,追求延寿永生,表现出对俗世生活和生命的留恋。比如中国古人祈寿的观念就起源甚早,在周代,向祖先或上天祈求长寿已成为普遍风气[3]。但以历史的眼光进行考察,"不死"观念正式登场却相对较晚[4]。从祈寿活动的长期流行到"不死"观念的出现经历了一个历史过程。

殷商卜辞和彝铭中未见到祈寿的记载,而周人似乎对寿命问

---

[1] 这里的"不死",并非指原始巫教下的灵魂不灭或精神意义上的传承不朽,而是指俗世追求中的延寿、长生等。
[2] 《庄子》,第366页。
[3] 参见郭沫若:《金文丛考》,人民出版社1954年版,第19页。
[4] 关于"不死"观念的考察,前人做过不少研究,可参见徐中舒的《金文嘏辞释例》、闻一多的《神仙考》、余英时的《东汉生死观》等。

题突然重视起来,有关祈寿的内容在周代青铜铭文中大量出现。据统计[1],《殷周金文集成》中"眉寿""难老""万年""永令""无期"等关于祈寿的祝嘏辞出现频次多达一千两百多次。从产生的时间上看,祈寿祝嘏辞在西周早期很少,到了西周中期以后开始大量出现,直至春秋晚期仍很习见。战国时期,青铜器逐渐为铁器代替,加上周人观念的变化,导致战国的祈寿祝嘏辞锐减,战国中晚期已难觅祈寿的铭文。从内容的分类上看,祝嘏辞中,"眉寿""万年""万年无疆""寿耇""黄耇""永命"等词在西周即已出现,春秋时期的铭文中仍十分多见。唯含有"无期"的术语,只出现在东周,且出土地域主要是齐地。载有"难老"一词的有十器,多为春秋齐国器,如叔尸钟(《集成》272—278)、叔尸镈(《集成》285)、齐大宰归父盘(《集成》10151)。值得注意的是,"毋死"仅见于齐国的素命镈(《集成》271),"永保其身"(十二器)悉为春秋齐国器,如齐灵公时的叔尸钟和叔尸镈、公子土折壶、庆叔匜(《集成》10280),这或可作为齐地盛行神仙不死思想的一个旁证。从祈寿的目标主体看,早中期主要为宗族子孙(代表宗族的生命),中期以后(穆王、共王时萌芽)才凸显为个人祈请(代表个体生命)。[2]

除甲骨卜辞和金文资料外,存世的早期文献,尤其是周代文

---

[1] 参见孙孝忠:《周代的祈寿风与祝嘏辞》,《厦门大学学报》2012 年第 6 期。
[2] 杜正胜:《从眉寿到长生——中国古代生命观念的转变》,《"中央研究院"历史语言研究所集刊》1995 年第 66 本第 2 分,第 477 页。

献中，关于祈寿的内容比较常见，符合金文所见的周人祈寿风气，如《尚书·洪范》提到"五福"，即"寿、富、康宁、攸好德（立德）、考终命（善终）"；《诗经》中涉及祈寿的内容更是广泛分布于风、雅、颂各类诗篇中，如国风有《豳风·七月》《秦风·终南》，小雅有《楚茨》《鸳鸯》《天保》《南山有台》等八篇，颂诗中的《周颂·载见》《周颂·雍》《鲁颂·泮水》《商颂·烈祖》《商颂·殷武》等。从文献内容反映的时代来看，西周时期尚未发现体现个体生命"不死""不朽"的观念，人们主要祈求延寿长命和得享天年，似还未"奢望"长生不死；但到了春秋中晚期，尤其是战国以后，人们变得大胆和贪心起来，对个体生命给予了更高的期待，开始"奢望"和祈求不死、永生。文献中"不死""毋死""长生"的字眼开始大量出现，比如《山海经》《左传》《战国策》《韩非子》《楚辞》《吕氏春秋》等文献：

不死民在其东，其为人黑色，寿，不死。一曰在穿匈国东。[1]

有不死之国，阿姓，甘木是食。[2]

古而无死。[3]

有献不死之药于荆王者。[4]

---

1 2　方韬译注：《山海经》，中华书局2009年版，第181页、第240页。
3　《左传》，第1905页。
4　缪文远、罗永莲、缪伟译注：《战国策》，中华书局2012年版，第468页。

客有教燕王为不死之道者。[1]

延年不死，寿何所止？[2]

莫不欲长生久视。[3]

通过对文献的梳理，我们可以初步判断，不死长生的观念是由俗世祈寿愿望进一步强化的结果。从西周中期以前关注宗族群体生命之延续，到中期以后个体生命意识之觉醒，再到春秋中后期"不死"观念之出现，这样一条大体演进的脉络为我们勾画出一种新观念的诞生路径。追求俗世不死、长生不灭的观念，显然奠定了神仙信仰最核心的思想。由此，我们可以推断长生不死的神仙思想，正式出现应不早于春秋中后期，而不晚于战国晚期。另外，在理性意识觉醒和宗教人文精神抬头的特殊时代，"不死"观念与关于生死的理性认知同时并存，彰显着中国文化的多元思维和中国智慧的兼容特征。

综上所论，先秦时期以儒、道为代表的中国智慧的"此岸性"基调和思维模式，为神仙思想的萌发创设了非常重要的思想背景，使其与生俱来地带有"此岸性"特征，追求当世成仙，而与东西方其他文明圈的宗教信仰形成显著差异而独具特色；高扬个体价值、宏富深湛而又体系化的道家思想为神仙信仰的萌发准备了充

---

1 高华平、王齐洲、张三夕译注：《韩非子》，中华书局2010年版，第400页。

2 林家骊译注：《楚辞》，中华书局2015年版，第83页。

3 陆玖译注：《吕氏春秋》，中华书局2011年版，第18页。

分的理论给养；人性中对自我有限性的超越诉求，对长寿、长生等俗世生活的追求，都随着理性时代的到来和人文精神的崛兴而愈发显示出张力，在吸收了传统巫教思想给养的基础上，终于挣脱了巫教文化的母体约束，转变为一种更加激进、更具探索精神的神仙思想。

第三节　人神关系的变迁与神仙思想的历史形成

夏人尊命、殷人尊神、周人尊礼，是古人对三代王政特质的概括性描述。在王权与巫权并存共体而又离间博弈的复杂背景下，王政教化的差异实质也是三代王政在宗教改革、人神关系处理上的不同。[1] 梳理三代王政特点，有利于我们厘清上古社会人神关系变迁的基本脉络，这一脉络将有助于从政治层面的微妙变化中理解求仙活动兴起的历史背景。

一、尊命、铸鼎与夏王朝的人神关系

三代之中，夏王朝距离我们最为久远，没有直接的文字资料留于后世，史料非常匮乏。我们只能试图根据周人或汉儒的历史追忆性的材料，并结合部分的考古资料，梳理夏王朝在宗教、王

1　从宽泛意义上理解人神关系，反映出人的自觉意识与信仰中的天命、鬼神、祖先崇拜等的多维关系。

政下的人神关系图景。一般而言，夏商周（主要是西周）三代都是宗教的时代，宗教发展的水平是各自文明发展的晴雨表。有学者指出："衡量一个古代民族的文明程度，它的宗教发展情况是最可靠与最值得信赖的判定标准。"[1]比较而言，夏王朝处于三代宗教发展的初级阶段。[2]

> 夏道尊命，事鬼敬神而远之，近人而忠焉。先禄而后威，先赏而后罚，亲而不尊。其民之敝，蠢而愚，乔而野，朴而不文。[3]

文献中关于夏朝的王政有一个关键但不太容易理解的概念，即"命"。我们试做分析，"命"是三代宗教信仰中的一个核心概念，不仅在关于夏的王政特点的表述中即已存在，而且在后来的商周文化体系中同样非常关键。这里的"命"具体何指？似难以研判，甲骨文中未见有"命"字（但有"令"字）。但"命"的依据则清晰指向高高在上的天，如《礼记·中庸》载："天命之为性。"郑玄注引《孝经》言："性者，生之质命，人所禀受度也。"[4]朱熹《集注》解《孟子·尽心上》"所以立命也"云："立命，谓

---

1 黄奇逸：《历史的荒原：古文化的哲学结构》，巴蜀书社1995年版，第11页。
2 陈来从宗教文化演变的角度，将三代文化归结为巫觋文化、祭祀文化和礼乐文化，反映了三代之间的宗教发展水平。
3 （清）孙希旦撰，沈啸寰、王星贤点校：《礼记集解》，中华书局1989年版，第1309页。
4 （汉）郑玄注，（唐）孔颖达疏：《礼记正义》，北京大学出版社1999年版，第1422页。

全其天之所付，不以人为害之。"[1] "命"似具有某种超自然的主宰力量，大到约束着邦国的兴亡更替，小到关乎个人的运势，但从夏人的态度上判断，其所尊之"命"，应是异于"鬼""神"的存在。

对于夏政尊命的进一步理解要与其"铸鼎象物"的行为联系起来考察。关于大禹铸鼎一事，《左传》宣公三年记载最详：

> 楚子伐陆浑之戎，遂至于雒，观兵于周疆。定王使王孙满劳楚子。楚子问鼎之大小、轻重焉。对曰："在德不在鼎。昔夏之方有德也，远方图物，贡金九牧，铸鼎象物，百物而为之备，使民知神、奸。故民入川泽山林，不逢不若。螭魅罔两，莫能逢之。用能协于上下，以承天休。桀有昏德，鼎迁于商，载祀六百。商纣暴虐，鼎迁于周。德之休明，虽小，重也。其奸回昏乱，虽大，轻也。天祚明德，有所厎止。成王定鼎于郏鄏，卜世三十，卜年七百，天所命也。周德虽衰，天命未改。鼎之轻重，未可问也。"[2]

铸鼎时间当为夏初，古文献中记载或为大禹，或为大禹之子启，此时正是夏王朝"有德"之时。夏人的铸鼎象物如何理解

---

1 （宋）朱熹：《四书章句集注》，中华书局1983年版，第349页。
2 《左传》，第744—745页。

呢？一是要弄清楚鼎上之物是什么；二是要弄清铸鼎象物对夏人而言有何意义，或者说它本身承担什么样的功能。据张光直先生的解释，夏人铸鼎象物，告知人们知道哪些动物（按：指鼎上所铸之动物）是助人的神，即是可以助人通天地的，哪些动物是不助人通天地的。以鼎上所铸之动物为人类通天之助手。[1]也有学者将其解释为各诸侯之"灵"[2]。实际上，两者的不同解释之间有着共同的基本认同：首先，鼎上所铸之物为动物之纹样或某种自然神的图腾象征，但区别于一般的自然界中动物，因为它们承担特殊的宗教使命（按：或通天，或代表各诸侯之"灵"）；其次，铸鼎象物承担重大的政治功能。上古时期，政治与宗教难以分割，通过铸鼎象物，可以使众诸侯凝聚、羁縻于夏王朝的政治体系下。因此，我们可以理解鼎上之"物"，实际上就是夏人所尊之"命"的形象化，是夏和众诸侯共同信仰的对象。夏通过铸鼎象物，实现了对各种信仰对象的集中，代表了夏王朝对宗教和政治权力的垄断，所以鼎就代表了"命"，鼎的迁移就代表"命"的转换，反映出政治更迭。故有"桀有昏德，鼎迁于商，载祀六百。商纣暴虐，鼎迁于周"[3]及"夏后氏失之，殷人受

---

1 张光直：《中国青铜时代》，生活·读书·新知三联书店1999年版，第424页。
2 李小光：《命、鬼神、祖先——中国上古三代人神关系论略》，《第三届中国俗文化国际学术研讨会暨项楚教授七十华诞学术讨论会论文集》，四川大学中国俗文化研究所2009年，第451页。
3 《左传》，第744页。

之；殷人失之，周人受之。夏后、殷、周之相受也，数百岁矣"[1]的说法。

从夏人"尊命"与铸鼎象物中，我们可以诠释出夏王朝因处于从蒙昧社会向文明社会的过渡时期，夏人对于冥冥之中的主宰——"命"，表现出茫然尊信和完全崇拜；其鬼神之观念似尚未清晰和充分发展，未能被有意识地赋予商周时代那样的宗教意义，更多地体现为对未知神秘感的自然崇拜。夏政的人神关系，一方面是夏人崇信"命"并严明赏罚，"用命，赏于祖；弗用命，戮于社"[2]；另一方面，社会人事也得到最朴素的重视，"卑宫室而尽力乎沟洫"[3]。当"尊命"的宗教手段与"近人而忠"的人事手段能达到平衡时，也是夏"有德"之时，当这种平衡被打破，即是夏有"昏德"之时，夏桀云："天之有日，犹吾之有民也。日有亡哉？日亡，吾亦亡矣。"[4]对"命"的过分尊崇，忽视人事上的平衡，是夏败亡的重要原因。

二、尊神、尚敬与殷商的人神关系

在殷商时代，"神"的地位最高，拥有无限的权力。国家大政

---

1 方勇译注：《墨子》，中华书局2015年版，第394页。
2 王世舜、王翠叶译注：《尚书》，中华书局2012年版，第93页。
3 《论语·大学·中庸》，第96页。
4 （清）孙星衍：《尚书今古文注疏》卷五注引《尚书大传》，中华书局1986年版，第218页。

方针都是通过占卜的形式,由"神"来决定的。在殷人看来,敬重神灵是最重要、最基本的价值,殷人对"鬼神"表现出强烈的宗教热情。

> 殷人尊神,率民以事神,先鬼而后礼,先罚而后赏,尊而不亲。其民之敝,荡而不静,胜而无耻。[1]

这里的"神"既包含"天神",也包含祖先神。在殷人的宗教生活中,其信仰对象发生过一个内在的演变。[2]整体上看,殷商王朝以神为本,神权独尊,政治和社会生活中的具体事务常常要卜问鬼神的意志,从地下出土的大量商代卜辞来看,殷人敬事鬼神的态度得到进一步佐证。尊神事鬼、迷信巫祝是商代社会的特点。要厘清殷商社会的人神关系,可以梳理王权与神权的互动。王权代表世俗的权力,切近人事;神权是宗教的权力,其代表者是巫祝集团,其成员往往身居高位,比如伊尹、巫咸、傅说等。一般而言,商王本人也是大巫,所谓"有天下者祭百神"[3],他代表国家进行各类祭祀活动,同时更代表世俗王权。当商王和巫祝集团发生矛盾之时,最能体现殷人的时代精神和人神关系的本质。

从殷商的历史来看,商王和巫祝集团发生过多次冲突。"伊尹放太甲"常被后世儒者津津乐道,但实际是殷商王朝前期的一次

---

1 3 《礼记集解》,第1310页、第1194页。
2 参见王晖:《商周文化比较研究》,人民出版社2000年版,第18—65页。

严重的"瓶颈危机",反映的本质正是商王和巫祝集团的矛盾冲突。《史记·殷本纪》载:

> 帝太甲既立三年,不明,暴虐,不遵汤法,乱德,于是伊尹放之于桐宫。三年,伊尹摄行政当国,以朝诸侯。
>
> 帝太甲居桐宫三年,悔过自责,反善,于是伊尹乃迎帝太甲而授之政。帝太甲修德,诸侯咸归殷,百姓以宁。[1]

这段文献告诉我们,太甲"不遵汤法"而导致"乱德",是伊尹放之的理由。商汤之法具体何指,我们难以究竟,但《史记·殷本纪》中另一则史料给我们透露了重要信息:

> 汤既胜夏,欲迁其社,不可,作夏社。伊尹报。于是诸侯毕服,汤乃践天子位,平定海内。[2]

这则史料是说商汤灭夏之后,想换掉夏的社神[3],可是受到了巨大阻力而没有成功,于是写下《夏社》,说明夏社不可换的道理。自此,诸侯才全都听命归服,商汤才登上天子之位,平定天下。从中我们可以看到,汤法的基本精神是尊重巫祝集团的意见和诸侯的神灵信仰。而太甲的做法则违反了汤法,由此引起矛盾

---

1 2 (汉)司马迁:《史记》,中华书局1959年版,第99页、第96页。
3 夏社是夏人祭神之所或祖先祭坛之类的设置。

和争斗。这场争斗以太甲的失败而告终,最后太甲悔过自责并接受巫祝集团的意见后,才得以恢复局面。这典型地反映出在殷商社会的人神关系上,神权的独尊、强大,人被置于神的威严统治之下。不尊神统,必受惩罚,必招祸患,天子也不例外,而况于百姓乎?

在殷人庞杂的鬼神信仰体系中,存在一位被称为"帝"的至上神,他拥有主宰自然、社会一切祸福的能力。他既可以对日月山川、风雨雷电等发号施令,如"帝令雨"[1]"令雷"[2]"降旱"[3]等,同时还能统率殷人先王先公的祖先神,并与之形成上下尊卑的关系。比如《合集》1402 正卜辞记载:

贞咸宾于帝

贞咸不宾于帝

……

贞大(甲)宾于帝

贞大甲不宾于帝

贞下乙(宾)于帝

贞下乙不宾于帝

---

[1] 郭沫若主编:《甲骨文合集》第 1 册 900 正,中华书局 1979 年版,第 238 页。以下简称《合集》。
[2] 《合集》第 5 册 14127 正,第 2005 页。
[3] 《合集》第 4 册 10168 正,第 1489 页。

卜辞中的大甲、下乙和咸，分别指殷人的先王太甲、祖乙和殷人的大巫巫咸（第九代商王太戊之臣）。"宾"含有"配享"意。在殷人的想象中，他们的先王先公可以回到帝的身边，服侍左右，供其驱遣。但值得注意的是，这位身份特殊的至上神却不受祭于殷人，卜辞资料中尚未发现直接祭祀帝的卜辞。对殷人而言，"帝"威严十足而又遥不可及，喜怒无常而神秘莫测。而祖先神是沟通帝和人世间的桥梁，因此祭祖是殷人和帝之间得以交流的唯一方式，由此才能获得帝的神谕。这样一位至上神的存在，实际上正反映出在殷人信仰体系中人神关系的特点：神处于绝对主导地位，人无法通过自身行为与神发生直接互动，只能拜服于神的脚下，通过祭祀占卜，单向度地恭候神的号令或启示。

三、尊礼、重德与周代的人神关系

王国维在《殷周制度论》一文中指出："中国政治与文化之变革，莫剧于殷、周之际。"[1]如果把武王灭商视为政治上的革命，那么以周公为代表的制礼作乐活动，则是对殷商文化和宗教精神的一次重大变革和洗礼。这种变革导致周代人神关系发生了重大变化。

> 周人尊礼尚施，事鬼敬神而远之，近人而忠焉。其

---

1 王国维：《观堂集林（外二种）》，河北教育出版社 2003 年版，第 231 页。

赏罚用爵列，亲而不尊。其民之敝，利而巧，文而不惭，
贼而蔽。¹

《礼记》对周代王政特点的描述与殷商相比显然发生了重大改变。"尊礼尚施"是指周人尊崇礼法，礼尚往来，贵尚施惠。周人尊礼，却对鬼神"敬而远之"，这与殷人敬神事鬼的狂热相去甚远。周人宗教精神和王政教化巨大变化的基本前提是周人天命观的变化。

天命观是夏商以来宗教思想的核心。无论是夏人，还是殷人，他们都崇信天命，甚至到了盲信的程度。夏桀和商纣作为二代的亡国之君，其为后世诟病的重要罪责之一便是过于崇信"天命在我"²。但曾经强大的大邑商被偏居西北的小邦周取代，使得周人开始理性地看待天命，意识到天命不会专佑一家、不可常赖，它会发生转移。"上帝既命，侯于周服。侯服于周，天命靡常。"³ 天命转移的依据何在呢？周人认为天命会依人事而变易，故周代王教体现出近人事而远鬼神的特点，即重视人事，关注民生，体恤民情。

《尚书·康诰》云："天畏棐忱，民情大可见。"

《尚书·酒诰》云："天非虐，惟民自速辜。""人无于水监，

---

1 《礼记集解》，第1310页。
2 《列女传》引夏桀语："天之有日，犹吾之有民。日有亡哉？日亡吾亦亡矣！"《尚书·西伯戡黎》引纣王语："呜呼，我生不有命在天。"
3 《诗经译注》，第488页。

当于民监。"

《尚书·泰誓中》云:"天视自我民视,天听自我民听。"

周人的天命转移思想,一方面从理论上解决了西周政权存在的合法性问题,另一方面完成了新的意识形态的确立。既然天命不于常、不可恃,那么如何才能保证周朝的长治久安呢?以周公为代表的周朝统治者将"德"的观念与天命转移思想联系起来,提出"敬德""保民",以求"永命"。

《尚书·召诰》云:"肆惟王其疾敬德。王其德之用,祈天永命。"

《尚书·梓材》云:"欲至于万年,惟王子子孙孙永保民。"

"德"在甲骨文中已经出现,但在周代以前,并未受到重视。周人有鉴于夏殷二代败亡的历史教训,意识到统治者的政治得失对于国祚延绵的重要性,用"德"来指代统治者的治国方略、原则和措施。从《尚书》等文献中的"德"字来看,它主要是政治意义上的概念,并且是个中性词语,与后来伦理意义上的"德"字存在区别。但"德"把人在政治得失中的力量和作用伸张出来,动摇了殷商时代"天"的绝对权威。《尚书·君奭》云:"天不可信,我道惟宁王德延。"上天被视为不可相信的,而只有努力发扬文王的光荣传统,才能不丢掉所受的天命。

"敬德"与"保民"是紧密联系的,前者的落实往往通过后者来实现。《尚书·康诰》云:"小人难保,往尽乃心,无康好逸豫,乃其乂民。"保民,就是要求统治者做好治民、安民、养民工作。

周人把"保民"视为长治久安的重要手段,其"保民"思想同样体现出人在政治生活中的作用和价值。

综上可知,周代王政下的人神关系,显然朝着理性层面大大跃进了,人的价值和作用得到彰显。如果说殷商人的精神生活还没有完全脱离原始状态,他们的思想行为完全取决于外在的祖先神、自然神及上帝,那么周人在中国思想发展史上的最伟大贡献之一,就在于"在传统的宗教生活中,注入了自觉的精神;把文化在器物方面的成就,提升而为观念方面的展开,以启发中国道德的人文精神的建立"[1]。

周代宗教人文精神的抬头,宣告了一种新文化和一个新时代的到来,它为后来神仙思想的萌发和求仙活动的兴起做好了充分准备。神仙思想萌发正是这种新文化启蒙的结果,它反映出的不仅不是迷信,反而是理性意识和人文精神的彰显:人由原来完全匍匐跪拜在神灵之下,发展到现在可以从思想和行动上突破人神之间的鸿沟,向神的境界探索迈进……

1　徐复观:《中国人性论史(先秦篇)》,上海三联书店2001年版,第14页。

第二章
战国秦汉时期的求仙活动与神仙思想

第一节　方士群体的崛起与君王的求仙活动

一、方士的勃兴

方士，即有方之士，也叫方术之士，他们擅长数术和方技。据学者研究，方术之学主要包括数术（或称术数）和方技两方面。前者是关于"天道"的认知体系，如天文历法、龟卜筮占、驱邪祠禳等；后者是关于"人道"的认知体系，如医药养生、服食导引、房中交接等。[1] 方士的渊源可上溯至上古时代的巫人。夏殷之际，名巫辈出，如先秦诸子所盛称的巫彭、巫咸、彭祖等，都是那个时代的知识精英，即大巫，同时是方士的始祖。那时的巫文化体系几乎囊括了当时绝大部分的知识、技艺。随着人类历史的发展演进，巫术技艺也经历了一个"道术将为天下裂"[2]的过程，

1　参见李零：《中国方术续考》，东方出版社2000年版，第98—104页。
2　《庄子》，第568页。

并因与权势的结合，而进一步加速分化，一部分成长为当权者的"祝、宗、卜、史"等，立为官学，另一部分则隐于民间，分化为其他各类方术之学。

战国之际，中国已迈入"轴心文明期"，伴随着王官之学的失守，学术进一步下移，不仅代表先秦学术思想的诸子学在列国大兴，而且历来不为儒家所重视的各类方术之学实则也走向昌隆，方士群体开始崛兴。比如，在列国之中，论天文星占，则齐有甘德，魏有石申，楚有唐昧，赵有尹皋；论医学方技，则赵有扁鹊，秦有医和；论行气导引，则楚地南方传习不绝，祖述王子乔、赤松子；等等。王官失守，学术下移，《庄子》说当时"天下之治方术者多矣"。从内容上看，占有方术半壁江山的方技之学，多与人的生命保养、养生延寿等息息相关。《汉书·艺文志》云："方技者，皆生生之具。"所谓"生生之具"，是指使生命长生不息之工具或手段。在方技学大兴的背景下，一部分方士，将养生、延寿的经验、手段，与周代中后期以来人们祈求个体生命永生、不死等观念相结合，糅合阴阳五行理论，并采纳滨海之地流行的仙境传说等，逐渐演化成战国时代的方仙道和神仙家。

由于史料缺载，战国秦汉时期这一群体的具体数目难以详考，从有限的史料记载上看，这一群体的规模相当可观，"及至秦始皇并天下，至海上，则方士言之不可胜数"[1]《史记·秦始皇本纪》

---

[1]《史记》，第 1370 页。

也记载:"悉召文学方术士甚众。"[1]《盐铁论·散不足》也载:"燕、齐之士,释锄耒,争言神仙。方士于是趣咸阳者以千数。"[2]秦朝建立前后,这一群体少则也达千人以上的规模,如果加上始皇帝动用国家力量配合方士求仙活动而组织的人数,则这一群体的规模将更加庞大。西汉初年,推行黄老无为学说,无疑为方仙道的发展提供了一个适宜的政治环境和社会环境,至汉武帝时期,方仙道群体进一步发展至万人的规模。"齐人之上疏言神怪奇方者以万数"[3],"与方士传车及间使求仙人以千数"[4],他们擅长长生方术,以追求生命永驻、神仙不死为目标,并以此干人主,求富贵。

二、战国时期的求仙热潮

战国秦汉时期,持奉方仙道的方士,在君王支持下,先后掀起了三次求仙热潮。第一次求仙热潮发生在战国中晚期,即齐威王、齐宣王、燕昭王主政时期,活动区域主要集中在燕、齐滨海一带。燕、齐一带是方仙道的发祥地,横无际涯的大海给燕齐先民带来了宏阔的想象空间,海市蜃景的瑰奇现象给他们提供了无限遐想的素材,加上东部滨海种种古老的神异传说,共同组合成

---

1 3 4 《史记》,第258页、第474页、第475页。
2 王利器校注:《盐铁论校注》,中华书局1992年版,第355页。

一幅幅美妙想象的仙境图卷。

这种仙境传说流传甚广,从民间到宫廷皆能得闻。比如,齐地有东海三神山的传说,三神山就是蓬莱、方丈和瀛洲;燕地有北海碣石山的传说等。它们皆传为仙人所居之处,其上有金玉台观、仙树仙种、不死之药,远望之如在云中,近之则反居水下,临之则海风引船而去,对于这样的可望而不可即的美妙仙境,世人心向往之。东海、北海的仙境传说在方士的大力宣传下,引来了燕、齐君王的渴慕追求。

早在春秋后期,齐景公(前547年至前490年在位)就有寻访海上,竟至六月仍乐而不归的经历,这说明当时的齐国已经具有了比较先进的航海技术和航海条件。至战国中后期,齐威王(前356年至前320年在位)、齐宣王(前319年至前301年在位)、燕昭王(前311年至前279年在位)都曾派人入海求仙人、仙药。从三位君王在位的时间上看,从公元前356年至前279年的70余年间,关于海上神山仙居的传说已经非常普遍,以致引起了齐、燕两国君主的高度关注。他们甚至不惜动用国家力量派人入海寻找仙人、求取仙药,形成了战国秦汉时期的第一次求仙热潮。

三、始皇帝与求仙

第二次求仙热潮发生在秦始皇统一六国之后,即自公元前

221年秦统一六国至公元前210年始皇帝病死沙丘的12年间。这一时期，秦始皇为了宣德扬威，考察民情，先后五次巡游六国旧地，企图威服海内，安定天下。在频繁的巡游中，他四次来到东方，其中三次游历到齐地，一次游历到燕地，分别是：公元前219年，上泰山、封梁父；公元前218年，登芝罘；公元前215年，东临碣石；公元前210年，北之琅琊等。始皇帝在燕齐之地游历，除了上述政治目的之外，还有一层重要原因，即出于求仙问神的需要。始皇帝东游途中采信燕齐之地方士的神仙说，并组织多次方士求仙活动，形成了战国秦汉历史上的第二次求仙热潮。

秦始皇二十八年（前219），始皇帝第二次出巡，也是其第一次东巡。这一次东巡途中，他曾登上琅琊，"大乐之"，在此驻跸三月之久。其间，"齐人徐市等上书，言海中有三神山，名曰蓬莱、方丈、瀛洲，仙人居之"[1]。始皇帝对徐福的说辞很感兴趣，于是派遣徐福率领数千童男女出海寻觅，自此揭开了秦始皇时代狂热求仙的序幕。

秦始皇三十二年（前215），始皇东巡至燕地碣石，又派燕地方士卢生去寻找仙人羡门、高誓，并派韩终、侯公、石生率童男童女去寻求仙人不死之药。

秦始皇三十七年（前210），这一年，始皇帝最后一次出巡，

---

[1]《史记》，第247页。

第二章
战国秦汉时期的求仙活动与神仙思想

再次来到齐地琅琊,徐市诈称"蓬莱药可得,然常为大鲛鱼所苦,故不得至"[1],始皇帝信以为真,"遣振男女三千人,资之五谷种种百工而行。徐福得平原广泽,止王不来"[2]。徐福的第二次入海求仙一去不返。

除了上述动用国家力量组织入海求仙的大规模活动外,史料中还记载了秦始皇的其他有关求仙活动或神仙信仰。比如,秦始皇三十一年(前216),世传茅濛(字初成,道教茅山派创始人茅盈的高祖)在此年九月庚子这天,于华山之中乘云驾龙白日升天。在此之前,茅濛家乡就流传着一个歌谣:"神仙得者茅初成,驾龙上升入太清,时下玄洲戏赤城,继世而往在我盈,帝若学之腊嘉平。"[3]这个歌谣传到始皇耳朵里,始皇就问缘故,于是当地的百姓告诉始皇说这是仙人之谣,并劝他寻求长生不老之术,始皇欣然有寻仙之意,遂下令将每年十二月举行的腊祭改称"嘉平",以应歌谣。

始皇帝耗费巨资组织的大规模求仙活动并没有取得效验,既未找来仙人,也没有求得不死之药,因此,肩负求仙使命的方士面临着无法交差的尴尬。为了推脱责任,避免惩罚,他们只能继续编造借口,制造舆论。这样的言论见于史册共有四次。

第一次发生在秦始皇三十二年(前215),卢生等人入海寻仙人羡门、高誓而不得,于是以鬼神事、录图书来搪塞回报始皇帝。

---

1 2 《史记》,第263页、第3086页。
3 李昉等编:《太平广记》,中华书局1961年版,第35页。

卢生从海外带回的这本录图书其实是一本谶书，书中有"亡秦者，胡也"[1]的记载。于是始皇帝便派将军蒙恬发兵三十万人北击胡，掠取河南地。

第二次发生在秦始皇三十五年（前212），卢生说方士之所以求不到灵芝、奇药和仙人，是因为有妨碍之物的存在。在方士看来，始皇应该隐藏自己的行踪，以避开恶鬼，只有做到了这一点，那种入水不濡、入火不蒸，能够腾云驾雾、天长地久的"真人"才会来到。然而始皇因为治理天下的缘故，在这方面做得不好，因此建议始皇所居住的地方不要让外人知道，做到这点，不死之药自然可以得到。对于卢生等人的这套说辞，始皇帝仍然深信不疑，立刻改正说自己仰慕真人，此后自称"真人"，不再称"朕"，并下令把咸阳旁二百里内宫观的二百七十个复道、甬道相连，然后把帷帐、钟鼓和美人都按照所登记的情况安置在里边，不得移动；去所临幸的地方时，有敢对外人讲他的去处的，即处以死刑。

第三次发生在秦始皇三十五年（前212），侯生和卢生在合谋逃亡前夕，曾抨击过始皇，说他刚愎自用、骄傲自大、残暴严酷、独断专行、贪于权势，因此像这样的人，不可以为他寻求长生不老的仙药。秦始皇对侯生、卢生在背后的议论与诽谤十分震怒，直接导致历史上著名的"焚书坑儒"事件的发生。

---

[1] 《史记》，第252页。

第四次发生秦始皇三十七年（前210），徐福说蓬莱神山的不死之药本来是可以得到的，但由于经常受到海中的大鲛鱼的骚扰，"故不得至"。因此始皇便下令入海的人携带捕大鱼的渔具来抓捕大鲛鱼，并亲自带着连弩去捕杀大鲛鱼。

从四次言论记载和始皇帝相应的反应来看，除了第三次外，其他三次，始皇帝可谓对方士言听计从。其中的第三次言论因涉及对始皇帝的人身和权威攻击，而开罪于他，使他发出了针对方士儒生的诛杀令。而第四次发生的当年，始皇帝病死。可见，统一六国后的秦始皇自始至终对方士的神仙说是深信的。正是基于最高统治者对方仙道的深信不疑和组织推动，才形成了战国秦汉历史上的第二次求仙热潮。

四、汉武帝与求仙

第三次求仙热潮发生在汉武帝统治时期。汉武帝在历史上被赋予了雄才大略的君主形象，实际上他还是一位"尤敬鬼神之祀"、好仙乐道的皇帝。对比燕齐国君和秦始皇，汉武帝对求仙的热望和付诸的行动可谓有过之而无不及。

史料所见引导汉武帝走上求仙之路的第一位重要方士是李少君。李少君，据说是齐国临淄人，自称在海上游历，曾见到过仙人安期生。他以祭灶致福、辟谷不食、长生不老等方术觐见皇上，受到皇上的敬重。李少君曾经和武安侯一起宴饮，座上有一位九十多岁的老人，李少君问老人的姓名，老人说了姓名后，李少君就谈起从前跟老人的祖父一起游玩射猎的地方，这位老人小时候曾经跟着祖父，还能记得那些地方，因此满座宾客都惊讶不已。有一次，少君拜见皇上，皇上有一件古铜器，拿出来问少君。少君说："这件铜器，齐桓公十年时陈列在柏寝台。"过后查验铜器上的铭文，果真是齐桓公时的器物。整个宫中都大为吃惊，都把他当作已经活了几百岁的神仙。在取得皇帝和王公大臣的信任后，李少君诱使年轻的汉武帝去海上求仙，于是汉武帝派遣方士入海求蓬莱安期生之属，并干起用丹砂等各种药剂炼制黄金的事情。汉武帝尊信李少君引来的后果是海上燕齐怪迂之方士多相效，更相争言神怪之事。

李少君后来生病死了，武帝却以为他是化去不死。李少君死后两年，方士少翁、栾大又先后得到武帝的信任。少翁因擅长召唤鬼神的方术而取信于武帝，当时武帝宠幸的王夫人（一说为李夫人）刚刚死去，少翁则能在夜间招来王夫人的"鬼魂"，并能使武帝在帷幔中望见。他因此被武帝封为文成将军，并得到了丰厚的赏赐，享受宾客的礼遇。武帝听信其言，造画有五色云气（代表五行）的车子，建造甘泉宫，设置各类祭具来招天神，这样折腾了一年多，天神还是没降临。后来少翁又作帛书以饭牛，被武帝识破而遭诛杀。栾大，与少翁是同门师兄弟，本是胶东王的主管方药的药师，因乐成侯举荐而为武帝所识。栾大相貌堂堂，又敢说大话，机巧多智。武帝对自己杀死少翁已感到后悔，正惋惜他还有很多秘方没有献上，此时栾大前来，武帝如获至宝。而此刻的栾大，早已做足了功课，将武帝的心思揣摩透彻，略施斗棋小技，便得到武帝信任。他对武帝说要致敬于求访神人的使者，然后才有可能招致神人降临。武帝当即拜栾大为五利将军，一个月后，又让栾大佩四颗金印：天士将军、地士将军、大通将军、天道将军。又封栾大为侯，赐甲第，童仆千人，还有车马帐帏器物等。武帝还将孀居的女儿卫长公主下嫁栾大，赐给黄金万斤作为陪嫁礼物。武帝亲临栾大府第，派出慰问、送礼物的使者，络绎不绝。一时间，栾大贵震天下，看得人人眼馋，惹得燕齐一带的人，都鼓吹自己有禁方，能神仙。栾大为武帝承诺的招致仙人的大话毕竟无法兑现，时间一长就露出了马脚，引起了武帝的怀疑而被杀。

接连上了少翁、栾大的当却仍不死心的武帝，后来又遇上了公孙卿。这一年，汾阴掘出一个古鼎，公孙卿乘机向武帝讲了一则黄帝成仙登天的故事。武帝对公孙卿所言深信不疑，他说："吾诚得如黄帝，吾视去妻子如脱躧耳。"[1] 于是他拜公孙卿为郎，让他去太室山为自己候神。不久，在太室山候神的公孙卿传

---

[1]《史记》，第 468 页。

来喜讯。他报告在缑氏城上见到仙人迹，有物如雉，往来城上。武帝立即亲幸缑氏城，察看仙人迹，地方郡国闻听此事，纷纷修桥铺路，建造修缮宫观名山神祠等处，以求神仙降临，盼望天子亲幸。

武帝后来礼登太室山，据说从官在山下听到有喊"万岁"之声，经查问，都未有这样呼叫的，似是神言。武帝一高兴，就命以三百户封太室奉祠。下山后，武帝即直奔东海，齐地一带的百姓都如痴如狂，乘机上书称道神怪奇方者成千上万。尽管一无所验，武帝还是不断增加船只，命令自称见过海上神山的几千人出海去求所谓的蓬莱仙人。公孙卿则拿着皇帝的符节，带领大批随从，在一些名山候仙。他走到东莱的时候，又声称在夜间见到数丈高的"大人"，一靠近就不见了，但其留下的足迹很大，类似禽兽。于是武帝又兴冲冲地赶到东莱，亲自观看。群臣们也说他们见到一老人牵着一条狗，说了声"吾欲见巨公"，就转眼不见踪影。武帝看了"大人"迹颇为怀疑，但以为老父就是仙人，于是留宿海上，并让方士乘皇家传车四处去找这个"仙人"，这次派出去求仙的人数也以千计。

因为没有结果，汉武帝暂时离开东莱，接着到泰山，举行封禅大典，无风雨灾，可谓顺利。方士乘兴进一步鼓吹蓬莱诸神可以求得，武帝又再次兴冲冲地东至海上，希望遇到蓬莱神仙。元封二年（前109）春，公孙卿报告在东莱山见到神人，并且神人似还说了"见天子"[1]的话。武帝听后,就任命公孙卿为中大夫,并亲自前往,先幸缑氏城,再到东莱,留宿数日,仍一无所获。公孙卿接着对汉武帝解释说,仙人可见,但皇上来去太匆忙,所以见不着,并提出"仙人好楼居"[2]的意见。武帝于是在长安、甘泉山一带大造高楼。当时在长安造的高楼称"蜚廉桂观",甘泉的则叫"益延寿观"。后来又在甘泉造了更高的"通天台"。据《汉书旧仪》记载,这个通天台"高三十丈,去长安二百里,望见长安城也"[3]。汉武帝还命人扩建建章宫,"度为千门万户"[4]。建章宫是完全可以和秦始皇的阿房宫比肩的一大宫殿建筑群,不仅四面皆建有宫观楼台,还有虎圈、大池,大池名太液池,池中建有"蓬莱、方丈、瀛洲"等神山,建章宫的"神明台""井干楼"高五十余丈,与其他楼观皆车道相属。

此后,武帝又于太初三年(前102)东巡海上,考察神仙之属,希望能找到蓬莱仙庭,结果当然是无法遂愿。武帝渐渐也对方士鼓吹的神仙奇方产生了厌倦。这位矢志追求"白云乡"的汉武帝掀起的第三次求仙热潮,为我们勾勒出一幅内容丰富、行动荒诞的求仙图卷。试想两千多年前,一位东方最大帝国的皇帝,一方面大兴土木,四处祠神,另一方面则不远千里,带着他的臣民百姓,巡视海边,日夜翘首,希冀神仙降临。这一幕幕的求仙闹剧,均以繁华开场,以无验落幕,其中的汉武帝不知经历多少

---

1 2 4 《史记》,第477页、第478页、第482页。
3 《史记》注引《汉书旧仪》,第479页。

次希望与失望的交集。

战国秦汉时期的三次求仙热潮，以燕齐君王发其端，秦皇、汉武继其踵，而方士勾连其间，推其波、助其澜，共同构筑了中国早期文化史上一道独特的风景。神仙方术思想也借此获得了蔓延拓展，且造就出一个独特的方士集团。随着神仙方术思想的演变以及东汉后期早期道教的兴起，方士逐渐蜕变为道士，在道教及道士的主导下，神仙思想和求仙活动又掀开了新的一页。

第二节　战国秦汉时期的"仙人"观

一、仙的内涵及其转换

尽管神仙思想不同于西方诸多宗教文化，它极富中国文化特色和现世关怀，但神仙观念在刚刚诞生的阶段，却还带有比较明显的"彼世色彩"。一方面，先秦古籍如《庄子》等，将"至人""神人""真人""大人"等描绘成游于六合之外、不食人间烟火的形象[1]。另外，楚辞中的《远游》[2]也是从彼世的角度来描写神仙，把"仙"同"度世"联系在一起。王乔、赤松子被描绘成

---

[1] 《庄子》中的"至人""神人""真人""大人"等虽不能等同于后世观念中的神仙，但却为后世的神仙形象的构建奠定了雏形和蓝本。

[2] 《远游》成书时代和作者存在争议，传统上认为是屈原所撰，现代不少学者视之为汉代早期的作品。今从后说。

在空中悠然漫步的转世仙人等。西汉初期,陆贾在《新语》中将求仙者描述为"苦身劳形,入深山""弃二亲,捐骨肉,绝五谷",这些早期仙人或求仙者都被刻画成脱离尘世、离群索居的形象。早期仙人的活动居处,即仙境,也是远离人间的彼世存在,比如可望而不可即的海中仙境、三神山、藐姑射之山、昆仑之丘等。

仙的观念发生了由彼世到人间的转换。秦皇、汉武等帝王及其他王公贵族掀起求仙热潮,促进仙作为一种信仰和观念迅速普及,并逐步向着世俗化方向转换。从这一时期的仙道故事中,我们也能看出人们的求仙观念已经由单向度的外求不死之药或冀遇神仙,转变为在世间成仙,升天而去。比如关于刘安的故事。历史上的刘安,袭封淮南王,生活在西汉前期,因谋反而死,但在道教典籍和民间传闻中,刘安却是一位得道的神仙。他曾夜以继日潜心学道,感动天上的神仙来传授他炼丹技术,仙丹炼成,刘安登山大祭,埋金地中,白日升天,他家院落里的鸡犬舐食了丹鼎中剩余的丹药,也都跟着升天而去,流传下"一人得道,鸡犬升天"的神话。

另一则升仙的故事发生在西汉末年。《仙人唐公房碑》记载,西汉居摄二年(7)夏,在汉中郡为吏的唐公房,结识了云游四方的真人李八百,后来李八百面授丹卷,赐唐公房神药。唐公房修炼服药后,有了"移意万里,知鸟兽语言"[1]的本领。当时唐公房的家乡成固距汉中郡西城有七百多里,可是唐公房转眼间就可

1　陈垣:《道家金石略》,文物出版社1988年版,第5页。

以往返。唐公房的神奇举动，让郡府上下的人皆惊奇不已。郡守知道后，便把他的岗位调成了掌管郡府车乘的重要岗位。有一次，老鼠把郡府官员乘坐的板车上的被具咬烂。唐公房便施展奇术，"画地为狱，召鼠诛之"[1]，剖开老鼠的肚子竟然看到没有消化的被具残片。郡守见状十分羡慕，遂设宴款待唐公房，提出了想学道的要求。唐公房尽心尽力地教授，但郡守心意不专，学无长进。郡守不仅不自省，反而迁怒于唐公房，认为他不想真心传授秘笈，于是下令让人抓捕唐公房的妻儿，逼唐公房传道于他。唐公房得知后，急回成固向师傅李八百求救。李八百来到唐公房家里，把神药让唐公房的妻子服了，又把神药涂在屋柱上，还让牛马六畜也喝了剩下的神药，于是唐公房全家和屋宅六畜一并升空而去。

《神仙传》和《后汉书·方术列传》等还记载了东汉时期的一个神仙故事。东汉时有个叫费长房的人，负责管理市场。一日，他在酒楼喝酒解闷，偶见街上有一卖药的老翁，悬挂着一个药葫芦兜售丸药。卖了一阵，街上行人渐渐散去，老翁就悄悄钻入葫芦之中。费长房看得真切，断定这位老翁绝非等闲之辈。他买了酒肉，恭恭敬敬地拜见老翁。老翁知他来意，领他一同钻入葫芦中。他睁眼一看，只见朱栏画栋、奇花异草，宛若仙山琼阁，别有洞天。后来，费长房随老翁入山学习仙道方术，学习了一段时间后，终因意志不坚，且思乡情切，遂向老翁辞行，他临行时，

---

1 《道家金石略》，第5页。

老翁送他一根竹杖，能骑上如飞。回到家乡后，费长房为医治病，并能鞭笞百鬼，驱使社公。故事中那位老仙翁就是神仙传说中著名的"壶公"，中国成语的"壶中天地""悬壶济世"等成语典故均源于此。

从目前史料上看，上述故事出现和流传的时间不一，约在东汉至魏晋时期。故事中都有一个共同的特点，即神仙观念的世俗化色彩开始彰显。从刘安的个人成仙和鸡犬升天，到唐公房的举家升天，乃至屋宅六畜也升天，再到费长房的集市遇仙翁，得道后又返回家乡济世治病等。且求仙者身份从原来的帝王，下降到王公，再到郡中的小吏，乃至管理市场的市掾，故事背后隐含的家庭和乡里观念、求仙者身份的不断下移，反映了世俗化色彩的渐浓和仙道思想平民化倾向的加强。"彼世色彩"反映出神仙观念在刚刚脱胎于文化母体时的特征——仙人和神仙世界可望却难以企及；而"彼世色彩"的褪去以及世俗色彩的日益强化，正是神仙思想本身孕育发展的历史逻辑，仙人成为沟通神仙世界与人间社会的媒介。

二、神仙的形象

神仙是战国秦汉时期人们追慕的对象，神仙到底是何模样，有哪些异于常人的特征，这些成为战国秦汉时期神仙观念的另一项重要内容，值得关注。从目前有关史料来看，战国秦汉时期的神仙形象大体有以下几个重要特征：

第一，超凡神通，能摆脱生死而获得自由。神仙观念的形成、神仙思想体系的发展都是围绕着"长生不死"的主题展开的。翻开战国秦汉时期的典籍，关于"不死"的记载或传说随处可见。比如《山海经》中的《大荒南经》就有"不死之国"；《海内经》中有"不死之山"；《海外南经》中更有"不死之民"；《淮南子》中记载的昆仑之山，其上有"饮之不死"的白水，有"登之而不死"的凉风之山等。从流行于当时各地的传闻或从方士的活动记载中也能得闻不少与"不死"相关的信息。比如齐景公在一次宴饮中问到晏子"古而无死，其乐若何"[1]的事情，《韩非子·说林上》提到有人向楚王进献不死之药等。这些"不死"观念为战国秦汉时期的方仙道思想吸收。在神仙思想尚未发展出可以通过自身修炼或其他途径实现长生不死理想的理论时，追寻不死之乡、获取不死之药就成了渴望长生者的主体选择。

神仙是得道之人，具备道的特性，与先秦道家思想紧密关联。老子、庄子都从不同角度描述了道的非凡特性，他们笔下的真人、至人、神人等的超凡本领都是道的外化，并为后来的神仙形象奠定了蓝本。老子描述了"善摄生者"，这类人善于摄养生命，可超越大限，获得长生，能做到"陆行不遇兕虎，入军不被甲兵；兕无所投其角，虎无所用其爪，兵无所容其刃"[2]。庄子笔下的真人、

---

[1] 汤化译注：《晏子春秋》，中华书局2011年版，第457页。
[2] 《老子》，第199页。

神人更加神秘化，他们能"登高不栗，入水不濡，入火不热""乘云气，骑日月，而游乎四海之外"，其原因就在于"登假于道"。《楚辞·远游》里也说仙人能"载营魄而登霞兮，掩浮云而上征"，即能乘着云霞飞升而周流游览。从老子的生命哲学到庄子、楚辞等形象化的描绘，为人们演绎出一幅令人神往的图卷，后来《列仙传》在记载诸位神仙时，就赋予他们超凡的神通，比如神农时期的赤松子"能入火自烧"，又曾住在昆仑山上西王母的石室中，可"随风雨上下"；黄帝时期的赤将子舆，不仅能"不食五谷""餐葩饮露"，且能"托身风雨，遥然矫步。云中可游，性命可度"。既具备超凡神通，又可以摆脱生死大限而获得自由。

第二，身生羽毛，能飞升。秦汉时期，在流行的神仙观念中，关于神仙的另一个话题是其"羽人"形象。秦汉时期，社会上流行的"仙人"的形象往往是有羽毛、有翅膀的人的形象。时人相信，当人修行到一定境界，就能身上长出羽毛，从而"羽化登仙"。有学者指出，早期神仙观念中的"羽人"形象的起源与鸟图腾崇拜有关[1]。鸟身生羽毛，可在天空中自由翱翔，古人也渴望能像鸟儿一样，不凭脚力，即可往来自由。《山海经·海外南经》中记载了羽民国，"其为人长头，身生羽"；还记载周灵王太子王子乔在河南嵩山修炼成仙，双臂化为两翼。《楚辞·远游》里也提到"仍羽人于丹丘兮，留不死之旧乡"，即追随羽人飞仙丹丘圣地，

---

[1] 杨军：《燕齐方术"仙人"形象溯源》，《烟台师范学院学报》（哲学社会科学版）2002年第2期。

永远留在长生不死之乡。

史书在记载秦汉之际寻访仙人的活动时虽未直接提及仙人的形象，但《史记·孝武本纪》载："公孙卿候神河南，见仙人迹缑氏城上，有物若雉，往来城上。天子亲幸缑氏城视迹。"汉武帝加封栾大的仪式是"使使衣羽衣，夜立白茅上，五利将军亦衣羽衣，立白茅上受印"。凡此都可以证明在汉武帝时代，人们心目中的仙人形象与鸟或羽存在着联系。

东汉王充在《论衡·无形》中提道："图仙人之形，体生毛，臂变为翼，行于云则年增矣，千岁不死。此虚图也。"生活在公元一世纪的王充将此作为一种虚妄的社会现象加以批驳，说明当时这种"仙人"观念在社会上已经相当流行。

从流传的文物和出土资料上看，画像石、墓室壁画、铜镜纹饰等有大量羽人图像出现。这类人物，身上长有羽毛，或踞坐，或飞翔，或持节，或骑乘，或戏兽，虽姿态各异，但都逍遥自在，流露出一股仙人气象。羽人形象本身也变化多端，有的体态纤细矮小，有的则显得高大粗壮，有的是人首人身带羽翼，有的是人首鸟身带羽翼，有的是阔嘴大耳，有的是长脸尖鼻。东汉羽人灯、羽人博山炉等器具也有发现，羽人灯为照明之用，羽人形象常位于灯座底部；羽人博山炉为熏香之用，是实用器具，常见造型为羽人头顶炉盘，炉盘之上为透雕山峦形炉盖，间饰神灵瑞兽或云气纹，熏香之时，炉中缭绕的烟雾烘托出云蒸霞蔚般的仙境效果。

有学者研究指出，秦汉时代羽人形象在神仙谱系中承担重要的功能：一方面，他们自身的长生不朽，象征着生命的永恒；另一方面，羽人具备升天降凡的本领，手握不死之药，并充当着天庭神人的使者，成为人类生命的拯救者和灵魂的引导者。

第三，好游历，驻容颜，擅变化。神仙具备非凡神通，又可脱却生死大限，故而世间的时空限制对神仙而言也就不再起作用。神仙既可以一日千里，游毕四方，还可容颜常驻，擅为变化。《楚辞·远游》描述诗人自己随众仙学道后，通过餐露食气，从而使得身体去浊存清，变重为轻。身体素质的改变使得轻举飞升成为可能，可借助自然的风云气息而畅游四方。早晨从太仪殿（即昆仑之墟的帝庭仙乡）出发，一路游历，遇见了东海之神句芒、西方之神蓐收、南方之神祝融、北海之神颛顼，到了晚上就下到海中仙乡"微闾"。一日之内，完成四方周游。

容颜常驻而不老是人们追求的理想之一，既然神仙可以不死，自然能常葆青春，鹤发童颜乃至青春常驻自然成了仙人的风貌。《列仙传》记载稷丘君"炼形濯质，变白还年"，说仇生"灼灼容颜"。汉乐府《长歌行》描写仙人奉药后，"主人服此药，身体日康强。发白复更黑，延年寿命长"[1]。另据葛洪《神仙传》说汉时西河城东少女以杖笞一白发老翁，老翁长跪受责，路人以为不平上前质问，少女却自称已逾百龄，并说此翁乃是她的儿子，年至七十，因不肯服家传秘药致老。

---

[1]（宋）郭茂倩：《乐府诗集》，中华书局1979年版，第442页。

在神仙信仰中，神仙不仅可以驻容颜，还可以变化容貌，掩蔽生机，常人难辨其真。《庄子·应帝王》记载了这样一个故事：郑国有个神通广大的巫人名叫季咸，能观人气象，卜知生死福夭。列子见其术灵验，非常着迷，回去后向老师壶子极口称赞。壶子命其引季咸来见，先"示之以地文"，面如死灰，静如死水，季咸为壶子看完相后，赶紧拉列子到门外，摇头叹息道："你准备为你的老师处理后事吧！"并断定他活不过十天。列子听后，泣涕沾襟地跑进屋内转述季咸所言，壶子神色若定，请季咸隔日再来相之，复"示之以天壤"，显露一线生机。季咸见后，断定壶子症状减轻，完全有救。后来又第三次请季咸相壶子，这一次，壶子示之以"太冲莫胜"，心迹不显，不分优劣。季咸根本无法测其吉凶，只得托词下次再相。待到第二日再见到壶子，季咸还没有站稳，就不能自持地跑了。原来这一次壶子示之以"未始出吾宗"，虚己忘怀，随顺不执，境界之高，连神巫也莫测其高深了。

庄子所说的这则故事本意是要宣扬道教返璞归真的主张，显示了道的千变万化。后来与道家思想紧密联系的方仙道和神仙家，却由此赋予了神仙能改变容貌气象、擅为变化的特性。葛洪撰写的《神仙传》一书中有一则有关淮南王刘安的传说故事，据说淮南王刘安初见神仙八公时，见他们一个个白发银须、形容枯槁、垂垂老矣的样子，不相信他们有延年防老之术，就让守门人把他们撵走，并多次拒绝接见他们。八公得闻淮南王嫌弃自己衰老的容貌，就说改变容颜有何难，于是一个个振衣整容，顷刻间全变成了孩童的样貌,并说"变化之事,无所不能也"[1]。可见,驻容颜、擅变化既是神仙法术,也是他们的一大特征。

第三节 人物、经典与战国秦汉时期神仙理论的构建

战国秦汉时期是神仙思想理论孕育发展的关键阶段。本节重点梳理在战国秦汉时期神仙思想理论构建中发挥关键作用的几个人物和经典文本。

一、邹衍及其理论贡献

首先提到的这位对神仙思想发展起较大贡献作用的人物,是战国后期的邹衍。邹衍是战国阴阳家的代表人物,也是当时著名的方士。其阴阳五行说与大小九州说为方仙道文化提供了理论上的支持。

邹衍约于周显王四十五年(前324)生于齐国,约卒于公元前250年,前后活了七十多岁。邹衍一生主要在东方的齐国、燕国、赵国等地活动,曾经做过齐国稷下学宫的先生,又曾多次仕于燕王;因能言善辩,常以理屈人,曾使得名重一时的公孙龙遭到赵国平原君罢黜。

---

1 (晋)葛洪撰,胡守为校释:《神仙传校释》,中华书局2010年版,第201页。

邹衍思想学说以齐文化为底色，因其长期做稷下先生，便于吸收借鉴当时其他诸子的学说思想，而在天文、历法、历史、地理等方面都有较大建树，尤其是其中富于浓厚神秘色彩的方术理论，对战国以来的方仙文化产生重要影响，主要体现在他的阴阳五行说与大小九州说。

邹衍对传统的阴阳五行学说进行了精心改造。一方面，他"深观阴阳消息而作怪迂之变"[1]，为传统阴阳学说提供了一套由小及大、由近推远的方法论，大大拓展了阴阳学说的理论应用范围。从空间上看，"必先验小物，推而大之，至于无垠"[2]，即从经验事实入手，推到超经验的东西，从可感知的事物推到不可感知的事物；从时间上看，"先序今以上至黄帝……推而远之，至天地未生、窈冥不可考而原也"[3]，即从现在上推到传说中的黄帝时代，再一直往上推到天地产生以前的不可考究的混沌状态。另一方面，他将传统的五行理论，引入社会历史的发展进程，创造了"五德终始"理论。五德终始，也叫五德转移。五德，是指五行所代表的德，一行一德，故有五德，即土德、金德、木德、火德、水德。这五德按照五行相生相克的模式而此起彼伏地循环运转，就是所谓的五德转移。这套理论与传统神秘的"天命"思想相结合，为王朝更迭寻找到天道运转的依据。这套理论的优势在于不再如一般方士那样仅可预测个人的吉凶祸福，它还能预测天命运转的规律和未来历史的发展方向，因而具备极大的理论影响力。五德终

---

1 2 3 《史记》，第 2344 页。

始论的一大特征是大讲"机祥",即神秘的祥瑞灾异,并编造了从黄帝以来的各种受命"祥瑞"。这些祥瑞灾异与"时务"相结合,对社会政治和社会文化心理均产生深刻影响。

邹衍"闳大不经"[1]"心奢而辞壮"[2]"迂而不信"[3]的理论特色和思维模式,极富于浪漫性和神秘性,正合乎神仙方士的胃口,为方仙文化提供了理论与技术上的支持。邹衍以其阴阳主运的学说得到人主尊崇后,齐地原有的方仙道也随之大盛。《汉书·艺文志》评论阴阳家时说:"及拘者为之,则牵于禁忌,泥于小数,舍人事而任鬼神。"就是说阴阳家的学说要是被拘泥教条者所运用,就囿于禁忌,拘泥于小的术数,抛弃人间之事而相信鬼神。从有限的关于邹衍的思想资料上看,邹衍的思想本身并无相信鬼神之说,但从邹衍思想往前发展,则可以导致鬼神信仰。燕齐方士借此理论正可推导出他们的神仙鬼怪之说。《史记·封禅书》记载:"宋毋忌、正伯侨、充尚、羡门高最后皆燕人,为方仙道,形解销化,依于鬼神之事。驺衍以阴阳主运显于诸侯,而燕齐海上之方士传其术不能通,然则怪迂阿谀苟合之徒自此兴,不可胜数也。"由此可见,方仙道与邹衍关系密切,方士把邹衍的学说引向相信鬼神和迷信。后来的神仙方士更是托名邹衍制造各类道书、方术,《汉书·楚元王传》记载:"上复兴神仙方术之事,而淮南有枕中《鸿

---

1 《史记》,第2344页。
2 周振甫:《文心雕龙今译》,中华书局1986年版,第160页。
3 汪荣宝撰,陈仲夫点校:《法言义疏》,中华书局1987年版,第280页。

宝》《苑秘书》。书言神仙使鬼物为金之术，及邹衍重道延命方，世人莫见。"汉武帝时，秘密藏在枕中的方士书籍《鸿宝》《苑秘书》中载有邹衍的重道延命方，当然不是出自邹衍，而是托名邹衍。而《抱朴子·内篇》十九诸"道经"中又有"邹生延命经"。这里的"邹生"，显然还是托名邹衍，这很可能是道士据"邹衍重道延命方"而编造的。由此可见，邹衍与后来的神仙道教也有关系。《后汉书·襄楷传》还记载："初，顺帝时，琅琊宫崇诣阙，上其师干吉于曲阳泉水上所得神书百七十卷，皆缥白素朱介青首朱目，号《太平清领书》，其言以阴阳五行为家……后张角颇有其书焉。"[1]这里所说的《太平清领书》，"以阴阳五行为家"，是道教受阴阳家影响的证据。

另外，邹衍发展出大九州说，构建了一个宏观、全局性的想象中的世界图卷。邹衍认为当时儒者所说的中国实际上是华夏族聚居的中原，即以今天河南洛阳为中心，并非世界的全部。这个中国在邹衍看来就是赤县神州。赤县神州内有小九州，也就是大禹治水的九州。赤县神州之外还有大小同于赤县神州的九大洲（共计十州），且都被海洋包围，一直延伸到天地之际。邹衍的大九州说在战国时代确实惊世骇俗，这一极富想象力的地理大视野的提出，大大激发了濒海且海上交通发达的燕齐方士的探险意识，使其频频到海外寻仙访药并以此打动人主，成为战国秦汉时期历代君王海上求仙活动背后的动因之一。

---

1 （南朝宋）范晔：《后汉书》，中华书局1965年版，第1084页。

二、黄老学与神仙理论

黄老学派、黄老道为神仙理论的发展丰富提供了适宜的土壤和良好的思想质料。黄老学派以崇拜黄帝和老子而得名，它形成于战国时期，以道家思想为主干，融合儒、墨、名、法等其他诸子思想，主要研究自然之理与无为治国之道。黄老学派在西汉前期走向兴盛，成为官方意识形态，对当时的社会政治、文化思想均产生深刻影响。而这一时期正处于方仙道思想发展整合并逐渐向后来的神仙道教转型过渡的关键阶段，黄老学派思想的影响不言而喻。

黄老学派与战国方仙道具有天然的亲缘关系。黄老学派的产生发展与方仙道文化的大本营——齐国密切相关。学者研究发现，黄老之术"培植于齐，发育于齐，而昌盛于齐"[1]。黄老思想诞生之后，早期流行地区是在齐、燕、楚等地，而这一地区也是方仙道文化传播流行的基地。地域上的亲缘关系也必然造就它们在文化基因、思想内容上的相近、相通，这就大大方便了两者间的交融，并促进了神仙理论的发展。

汉初黄老学派思想的主流虽是君王南面之术和阴阳五行思想等，但其实还包含了神仙思想。我们细心探查，即可发现，黄老

---

[1] 郭沫若：《十批判书》，东方出版社 1996 年版，第 157 页。

学派中的许多代表人物,实则也是方仙道所称赏的神仙家或著名方士,比如安期生、张良、司马季主、刘安等。其中最典型的当数黄帝,汉初黄老学中的黄帝,不仅爱好各类方术,自己更成了"合而不死"、鼎湖仙去的仙家人物。《汉书·艺文志》中著录的托名黄帝的书目中,不少是明显属于神仙家、五行、杂占、房中类的。所以有学者指出:"黄老之学,汉代并称,然言道德者言老子,言灵异者称黄帝。"[1]这里所说的"灵异",其重要的部分当数阴阳五行、神仙思想等。另外,黄老学派无为治国的政治主张,在西汉初年营造了宽松的政治文化氛围,各类曾遭秦政打击压制的诸子思想均能获得恢复发展的机会。况且秦帝国时期由于始皇帝对求仙活动的热衷,方仙道文化大兴,短秦之后迎来的大汉帝国,又奉行亲缘关系极近的黄老思想,因而方仙道文化在相当长的一段时期内可以持续发展,这应当是后来汉武帝求仙的另一个重要的思想背景。

然黄老思想在汉初鼎盛的好景并没有持续下去,武帝亲政后,罢百家、尊儒术,黄老思想退出政治舞台。黄老思想在失却政治意识形态上的主导权后,必然寻求新的生存发展空间,此时恰逢武帝热衷于求仙,所以黄老思想中那些"灵异"部分的思想内容正可派上用场,与传统的方仙道心有灵犀、一拍而合,整合发展,逐渐形成了黄老道。

---

[1] (清)永瑢等:《四库全书总目·子部五十六·道家类》卷一百四十六,影印文渊阁四库全书,台湾商务印书馆1983年版,第1103页。

黄老道是黄老学与方仙道相结合的产物，这种结合的完成经历了长期的历史过程，并最终演变为道教。在方仙道流行的同时，作为学派的黄老思想也在流行，在武帝独尊儒术前，两者虽相互影响，但主体是各自发展，并未发生明显的结合。故黄老道形成的第一个契机正发生在汉武帝时期，武帝罢百家、尊儒术，使得黄老学在政治上失势，被迫退回民间，与民间方仙道结合，形成黄老术。在武帝热衷于求仙的年代里，黄老学者也大谈神仙方术，将自己扮成方士，以邀宠仕进。比如前文提到的齐人公孙卿，曾自称受黄老学派申公的札书，本为申公弟子，后却成为武帝求仙活动的大红人。自汉宣帝到西汉末，是黄老道发展的第二阶段，黄老学与方仙道进一步结合。史书中记载，当时尚黄老、喜神仙方术的人物，无论是庙堂，还是民间都大有人在，黄老道尤其在民间暗流涌动。成帝时，齐人甘忠可诈造道书，侈谈汉家气运，鼓吹太平道，在社会上影响极大。到了东汉，黄老道迎来发展的第三阶段，也是其高潮阶段。上到王公贵胄，下到平民百姓，信奉黄老道的人越来越多。东汉明帝、章帝、桓帝等都奉事黄老；民间的代表有蜀郡的杨厚，他潜修黄老之术，教授门徒，上名录者三千多人。可见当时蜀郡黄老风气之盛，后来五斗米道在蜀郡出现和流传也是自然之事。

东汉时期思想领域的一系列变化加速了黄老道的形成。今文经学中的谶纬之学的泛滥，佛教的传入和传播，"妖道""左道"在群众中的广泛流布等，造成思想领域的宗教化、神学化倾向，共同促成了黄老道的形成，并使其向早期道教演化。

三、《太平经》《想尔注》中的神仙思想

《太平经》《想尔注》分别是汉末原始道教两大教派太平道与五斗米道的经典。它们都吸收了远古的神话以及汉代流行的神仙思想，形成了独特的神仙信仰体系，丰富了神仙思想的理论构建。

《太平经》将汉代流行的元气说、原始宗教对"天"的崇拜与神仙信仰相结合，创造了新的天神观。"天"成了主宰世间万物的至上神，成了宗教化的"天君"，能赏善罚恶、定人生死。《太平经》并以此为基础，构建了"神人—真人—仙人—道人"四个等级的神仙谱系，各有分工。其中神人主天，真人主地，仙人主风雨，道人主教化，另有圣人主治百姓，贤人辅助圣人，他们共同助天而治。同时，《太平经》大力宣传生的意义，它强调"天地之性，万二千物，人命最重"[1]，并鼓励人们努力修行。努力修行，不但可以成为"种民"，还有望成仙不死。对于修行的方法，《太平经》提倡"爱气""尊神""重精"，三者合一，才是生命持久的根本。修行除了这些道术外，还与人的道德积淀发生关联。《太平经》把成仙与为善、孝慈等德行联系起来，提出不孝不可久生、孝慈可以养命延寿的观念，反映其成仙理论的伦理化的一面。《太平经》在继承先秦以来方仙道、黄老道的仙境思想的基础上，对

---

[1] 王明：《太平经合校》，中华书局1960年版，第34页、第138页。

神仙及神仙世界给予了理想化的构建：神仙们逍遥自在，可以"以云气为车，驾乘飞龙"，并且神仙世界中物质生活非常丰厚，"积仙不死之药多少，比若太仓之积粟也；仙衣多少，比若太官之积布帛也；众仙人之第舍多少，比若县官之室宅也"[1]，可以过上甘其食、美其服、乐其居的无忧无虑的生活；另外，神仙世界中的众神仙之间关系和睦融洽，没有现实世间的扰攘纷争，"诸神相爱，有知相教，有奇文异策相与见，空缺相荐相保。有小有异言相谏正，有珍奇相遗"[2]。《太平经》中的神仙世界正是人们理想中的太平盛世，其对神仙及神仙世界的描述与宣扬，既是对神仙理论的发展与丰富，也更有利于吸纳更多的信众，壮大教团的规模。

《想尔注》，全称为《老子想尔注》，是汉中五斗米道持奉的经典。据史载，东汉灵帝时期，汉中五斗米道兴起，它要求教徒们诵习《老子五千文》。《老子五千文》即《老子道德经》，因五斗米道系师张鲁定本为五千字，故名。而《想尔注》正是五斗米道祭酒宣讲《五千文》的注解文本。《想尔注》对神仙理论的贡献主要表现为它对老子的神化及对老子思想进行宗教化的附会解释。老子认为道先天地而生，是万物之本。《想尔注》继承了老子自然哲学之"道"，并加以神化，道不仅仅是自然万物之本，更成了有意志、能赏善罚恶、主人生死的神秘性的至上存在。注者抓住世人

---

[1] 《太平经合校》，第 34 页、第 138 页。

[2] 《太平经合校》，第 539 页。

好生恶死的本能愿望，赋予道"设生以赏善，设死以威恶"[1]的威权，引导信众尊道、畏天，道由此转化成一种信仰。为了使这一信仰更加具象化，创造了道的聚形——太上老君这一尊神，作为五斗米道信仰的主神。另外，《想尔注》常用删、增、改字的方法，对《老子》原文进行一些有意修改，以符合自己的神学主张。如《老子》第十六章原文是"公乃王，王乃大"，《想尔注》却将"王"改为"生"，将"大"改为"天"，变成了"公能生，生能天"。《想尔注》将这两句阐释为"能行道公政，故常生也"[2]"能致长生，则副天也"[3]，以此宣扬重生恶死、修道长生的神仙思想。《想尔注》还力证神仙可学，并从实践层面提出了一系列长生成仙的途径。它否定仙有骨录的命定论，指出圣人可以成仙，普通人通过不断地道德修持，也可以走上成仙之路，并提出了"宝精"、"养气"、持守道戒等实践方法。可见，《想尔注》在注解《老子》的过程中，有目的、较系统地改造、利用了老子之道，可以说是以老子经典为旧瓶，灌注的是长生成仙思想之新酒，树立了自己的宗教神学主张，丰富发展了神仙理论。

---

[1] 饶宗颐：《老子想尔注校证》，上海古籍出版社1991年版，第25页。
[2][3] 《老子想尔注校证》，第20页、第21页。

第三章
魏晋六朝时期神仙思想的发展与复杂化

第一节　魏晋六朝时期的思想解放与生命意识

生命意识是生命个体对自我生命价值、生死关怀的自觉认识。魏晋时期，巨大的死亡危机，让人们幡然醒悟，生命如此短促而易逝。汉魏以来的大量诗文明显地呈现出对生命和时光感喟的情结。比如：

曹操："对酒当歌，人生几何！譬如朝露，去日苦多。"[1]

曹丕："人亦有言，忧令人老。嗟我白发，生一何早。"[2]

曹植："惊风飘白日，忽然归西山。"[3]

阮籍："人生若尘露，天道邈悠悠。"[4]

陆机："天道信崇替，人生安得长。慷慨惟平生，俯仰独悲伤。"[5]

---

1 2 3 5　逯钦立辑校：《先秦汉魏晋南北朝诗》，中华书局1983年版，第349页、第389页、第451页、第660页。

4　陈伯君校注：《阮籍集校注》，中华书局1987版，第310页。

陶渊明：“人生无根蒂，飘如陌上尘。分散逐风转，此已非常身。”[1]

……

生命主题成为时代的主旋律，也是我们理解魏晋思想的一把钥匙。王瑶先生曾这样精辟地道出了魏晋诗的思想情感："我们念魏晋人的诗，感到最普遍、最深刻、能激励人底同情的，便是那在诗中充满了时光飘忽和人生短促的思想与情感……表现了多么强烈的生命的留恋和对于不可避免的自然命运来临的憎恨。"[2]同样，李泽厚先生在《美的历程》中论及"魏晋风度"时也讲："这种对生死存亡的重视、哀伤，对人生短促的感慨、喟叹，从建安直到晋宋，从中下层直到皇家贵族，在相当一段时间中和空间内弥漫开来，成为整个时代的典型音调。"[3]

具体而言，魏晋以来生命意识的觉醒主要表现在对生命本体价值的认同、尊重，对个性和自由的张扬；他们关注的重心由外在世界走向个体自我，并积极检视生存困境，探求解脱生命负累的途径。从这个角度出发，我们就可以理解魏晋名士为何任诞放达，为何服药高隐。行为任诞，是为了摆脱横加在个体生命上的种种礼教枷锁，他们以此来表达对世俗纲常名教之虚伪本质的藐视，并追求感性生命的自然畅快和自由舒张，以回归人性的

---

[1] 《先秦汉魏晋南北朝诗》，第1005页。
[2] 王瑶：《中古文人生活》，棠棣出版社1951年版，第6—7页。
[3] 李泽厚：《美学三书》，天津社会科学院出版社2003年版，第81页。

本真状态；服药高隐，则更典型地表现出对生命的留恋和不舍。

魏晋名士代表——阮籍，在他的文章《大人先生传》中，将遵从世俗礼法的"汝君子"比作裤裆中的寄生虫，给予了极大的讽刺。另外，他在母丧时行为表现得十分怪诞。据史料记载，阮籍秉性极孝，但母亲去世时，他正在和别人下围棋，对方听说阮籍的母亲去世，即要求不下了；阮籍却要留他继续下棋，直至决出胜负，接着，他还饮了两斗酒，然后走到母亲身旁，放声号哭，吐血数升。等到母亲快要下葬时，他再次做了出格举动，他吃了一只蒸熟的小猪，又喝了两斗酒，然后才与母亲做最后的诀别，接着举声一号，又吐血数升，过度哀伤，形体消瘦，几乎到了丧命的地步。母亲出殡的时候，按照礼法规定，有宾客前来吊唁时，作为孝子的阮籍，应该陪同宾客一起哭泣。然而阮籍却散着头发，叉着两腿，坐在床上，一声不吭。阮籍还善于翻转青白眼，当有朝中礼法之士前来吊唁，他就用白眼对之，可当好友嵇康，带着酒、拿着琴前来时，他就很高兴地换成了青眼。[1]

阮籍丧母却饮酒吃肉，不遵礼法，他正是通过这种怪诞的行为表达对虚伪礼教的不屑。他认为一个人内心充满敬意，何必需要外在形式上的谦逊套语，如果内心充满哀思，又何必按照礼仪的样式安排哭声。他关注的是生命中至情至性的本真状态，而非外在虚伪的形式。

---

[1] 事见《晋书》，第1361页。

服药高隐同样是魏晋士人生命意识的一种反映。魏晋士人喜欢服食一种名叫"五石散"的药物。据说三国时期魏国的大名士何晏服用此散后,顿觉神明开朗,体力增强。在他的带领和提倡下,服石之风遂在贵族士人圈中流行开来,从魏晋至唐代中叶,名士们趋之若鹜。五石散是由五种矿物为主的药方,药性大热。服食此散的人,常感燥热难耐,即使天寒地冻,也情愿袒胸露背,卧于冰雪之上,且要求吃冷食,洗冷浴,多步行,穿薄垢旧衣,因此,五石散也称为寒食散。服石之风,虽有不少虚妄的成分,但它是当时人们希望超越生命限制、渴望延长生命的实践探索。高隐,就是崇尚隐逸的生活方式。魏晋南北朝时期是隐逸精神高扬的时代,士人对于这一时期的现实政治无足关切,甚至唯恐躲避不及,面对生命自我,又该如何安顿?隐逸成为当时士子们的一种自觉选择,既可以保全生命,又可以由此获得生命精神的寄托。

宗白华先生曾指出:"汉末魏晋六朝是中国政治上最混乱、社会上最苦痛的时代,然而却是精神史上极自由、极解放,最富于智慧、最浓于热情的一个时代。"[1] 这一时期,生命悲剧不断上演,激发了人们对生命易逝的感喟,大批士人在彷徨徘徊中,以种种外在的个性行为来填补内心的空虚、失落,追求生命的安顿之所。于是乎,他们或洁身自好,迈入山林,走向隐遁;或及时行乐,

---

1 宗白华:《美从何处寻》,重庆大学出版社2014年版,第182页。

服药饮酒，纵情狂欢。他们还向内在寻求，发现了自我深情，并以此观照和亲近自然，发现了山水之美。这一切皆可从生命意识上找到理解的突破口。魏晋时期生命意识的觉醒，无疑为这一时期神仙思想的发展和流行做好了充分的社会心理准备。

第二节　毕天不朽的追求——葛洪与《抱朴子内篇》

　　魏晋时期神仙思想的发展及其理论水平集中体现在葛洪及其著作——《抱朴子》中。葛洪，字稚川，东晋丹阳句容人（今江苏句容），出身于官宦世家，他的祖上是士族高层。但他十三岁时，其父死于邵陵太守任上，家道由此衰落，他因家贫，不得不依靠砍柴来换取写字用的纸笔。葛洪非常勤奋好学，对经书痴迷，日夜诵习，少时就以儒学知名于世，具备了扎实的学术理论功底；除了儒家典籍外，葛洪对神仙方术、道教典籍也很感兴趣，史书记载他"尤好神仙导养之法"[1]。葛洪曾师从当时著名的方士郑隐学神仙之术，"悉得其法焉"[2]。郑隐的老师就是葛玄，号称"葛仙翁"，也是葛洪的从祖父。葛洪后来又拜南海太守鲍玄为师。鲍玄精通内学，他器重葛洪的才华，不但把全部学问传授给他，还把女儿嫁给他为妻，葛妻就是著名的女灸法家鲍姑。葛洪还综理医术，著作医典。从葛洪的学习成长经历来看，他先儒学后道学，且兼通儒道，终于成为一代学优才赡的大学者。

1　2　《晋书》，第1911页。

经过战国秦汉以来历代方士和道教徒的编造，到了葛洪时代，各类有关神仙的道书典籍已经非常丰富。"考览奇书，既不少也，率多隐语，难可卒解。"[1]道书数量虽多，但内容糙杂，且多隐晦之语，一般的道士难以理解，这势必影响到道教理论的丰富提升和道术传播范围的进一步拓展。另外，当时社会普遍认为神仙之事是子虚乌有的，荒诞不可信；而神仙方士则是一些专门利用伪诈手段骗取钱财、迷惑百姓的人。有鉴于此，葛洪一方面想通过自己的学识和努力，自觉担负起清整以往各类道书和方术的使命，使道书经典和道术精髓能流传于世，以泽惠后人；另一方面，他希望通过著书立说以正视听，批驳那些对神仙之事的诽谤不实之词，力图论证神仙实有，并对民间各类流俗"妖道"予以辨析，建立起真正的神仙道教。

《抱朴子》是葛洪一生最重要的著作，集中代表了魏晋时期神仙道教理论的水平。葛洪大约二十岁时开始著述此书，到东晋元帝建武元年（317）他三十五岁时完成，前后费时十余年。《抱朴子》分为《外篇》和《内篇》两部，其中《内篇》二十卷，宣扬神仙方药、鬼怪变化、养生延年、禳邪避祸等仙道之事，并全面系统总结了晋以前的神仙学说，高扬"我命在我不在天"的主体精神，指出人可以通过自己的主观努力修道成仙，提升了神仙学说的思想水平。

首先，力证神仙实有。魏晋以来，尽管服食以长生之风盛行，

---

1 《晋书》，第1912页。

但很多人对神仙之事持怀疑或否定态度。徐干在《中论·贵验》中指出:"事莫贵乎有验,言莫弃乎无征。"[1]人们从耳目经验出发,认为神仙之事不可信,因为它没有得到事实的征验。比如竹林七贤中的向秀就反对"神仙可信"的说法,另外,儒学经典和先哲圣贤都不曾记载或谈论神仙话题。如何论述神仙的实际存在,就成为葛洪建立神仙理论首要解决的问题。葛洪强调人的认识能力和感觉经验存在局限,世界上存在人们眼力、听觉、智力所达不到的事情,不可据此作为判断神仙有无的依据,这是针对无仙论者立论基础的批驳。他在《论仙》篇举例说道:"虽有至明,而有形者不可毕见焉。虽禀极聪,而有声者不可尽闻焉。虽有大章、竖亥之足,而所常履者,未若所不履之多。虽有禹、益、齐谐之智,而所尝识者未若所不识之众也。"[2]既然如此,那么神秘莫测的神仙之有无,又岂是常人凭借短浅局限的耳目所能判断的。

至于周、孔等圣贤和儒学经典为何不传闻、不记载神仙之事,葛洪解释为人的好恶各不相同,他们的兴趣不在于此,不传闻、不记载此类事再自然正常不过,而以不传闻、不记载来说明事项本身就不存在,显然是不合理的。葛洪为此还梳理搜集上古以来的有关神仙传闻,著成《神仙传》一书,以证神仙不仅自古皆有,而且早有前人记载,以至于"盈乎竹素矣"[3]。

---

1 (汉)徐干:《中论》,商务印书馆1939年版,第8页。
2 王明:《抱朴子内篇校释》,中华书局1986年版,第12页。
3 《抱朴子内篇校释》,第12页。

其次，力证"仙可学致"。汉魏以来，社会上还流行一种观念，认为神仙即使真的存在，也无法通过后天学习、修道来实现。比如嵇康就认为神仙是"似特受异气，禀之自然，非积学所能致也"[1]。葛洪针对这一观念，明确提出"仙可学致"的思想，把神仙视为人中的得道者而已，是人通过努力可以实现的目标。比如他在《对俗》篇中说松树和柏树冬季仍不凋落，龟、鹤的寿命也比一般的动物长，这确实是由于树木品种和动物种类的不同造成的，但至于像彭祖和老子这类仙人，原本都是人，与一般人并无二致，他们之所以独得长寿、成道成仙，皆是后天修炼的结果，并非出自天生。一个人只要恒心修道，就能"知长生之可得，仙人之无种耳"[2]。

再次，指明学仙门径。葛洪在论证了神仙存在和学仙的可能之外，需要回答和阐明如何学仙、学仙有哪些门径。对于这个关键问题，葛洪一方面强调个人主观努力的重要性，学仙需要立恒志、择明师、勤求取、求长生、修至道，必须心志笃定，如果对目标内心存疑，则必然无功；同时要择明师，得其指点才可能深得仙道精髓，否则也会事无所成，无法避免自然死亡的结局；学仙的关键还在于坚持不懈，勤苦学道。学道就像播种谷物一样，有一个积累的过程，一蹴而就的想法是不切实际的，不经勤苦，难成宏愿。另一方面，葛洪还系统总结了秦汉以来的各种炼养方

---

[1]（南朝梁）萧统编：《昭明文选》，西苑出版社2003年版，第318页。
[2]《抱朴子内篇校释》，第110页。

法，为学仙者指明了一套内修、外养的仙道方术。他说："欲求神仙，唯当得其至要，至要者在于宝精行气，服一大药便足，亦不用多也。"[1]

在葛洪看来，内修主要为行气宝精，外养主要为服食丹药。行气是气法修炼，以胎息为代表，要求修炼者通过想象和意念模拟胎儿在母体中的呼吸方法，其特点是摒除杂念，将通常人们通过口鼻呼吸形成的风相、喘相、气相等粗气灭绝，使气息绵绵密密、幽幽微微、往来无迹，以鸿毛置于鼻口之前而无丝毫浮动，气定神慧，心息相依，神气不二。通过胎息等炼气方法，不仅可以延年益寿，还可以却恶治病。葛洪指出行气的同时，还应当结合房中术，宝精就属于房中术，它强调男女性生活的卫生，做到节宣有度，既不能断绝阴阳交接，又不可肆意任情、没有节制。

葛洪所说的外养，侧重于服食，尤重金丹。在各类炼养、修仙门径中，葛洪认为金丹之道是最高的仙道，而其他草木之药，仅能延年。他在《金丹》篇中说自己曾考览、征集了各类养性之书，所披涉的篇卷，多达千计，莫不以还丹金液为大要。因金丹大药乃上品神药，"服神丹令人寿无穷已，与天地相毕"[2]，从而实现长生成仙的目标。葛洪对金丹理论的发展，使其成为道教丹鼎派的代表人物之一。

最后，宣扬纲常名教。葛洪将其神仙理论与封建纲常名教紧密糅合在一起。他指出，长生成仙，不能只依赖内修和外养的仙

---

1 2 《抱朴子内篇校释》，第149页、第74页。

道方术，还应积善立功，以忠孝仁顺为本。强调"欲求仙者，要当以忠孝、和顺、仁信为本。若德行不修，而但务方术，皆不得长生也"[1]，并把这种纲常名教与道教戒律融为一体，要求信徒严格遵守。他说："览诸道戒，无不云欲求长生者，必欲积善立功，慈心于物，恕己及人，仁逮昆虫，乐人之吉，愍人之苦，赒人之急，救人之穷，手不伤生，口不劝祸，见人之得如己之得，见人之失如己之失，不自贵，不自誉，不嫉妒胜己，不佞谄阴贼，如此乃为有德，受福于天，所作必成，求仙可冀也。"[2]在葛洪看来，积善立功，是求长生、做神仙的必要条件。

葛洪的神仙思想是早期道教信仰同神仙方术信仰进一步合流的产物，在道教发展史上，具有里程碑的意义，确立了神仙道教的基本理论体系，标志着神仙道教的正式形成。葛洪的努力，使得神仙思想在理论上得以清整和提升，其"我命在我"的生命宣言，宣告求仙方式已由传统的冀见神仙、外求仙药的被动形式转变为炼己还丹的主动式修仙，这种进取精神鼓舞着后来者一代代踵武前贤，并不断拓展神仙思想的逻辑发展。葛洪的神仙思想及修仙方法论，立足并观照现实，关注和强调自身行为的关键性作用，对原始道教的巫祝性内容进行了合理化的超越和提升，从而在神仙理想和现实社会之间构筑起更加契合的关系，这是道教走向正统化、合理化的标志。神仙思想也由此获得了相对独立和更

---

1 2 《抱朴子内篇校释》，第53页、第126页。

加广阔的发展空间,并由民间正式走向了庙堂,为其在社会上层的广泛传播发挥了深远影响。

第三节 魏晋政治与神仙思想

神仙思想对魏晋政治的影响,主要通过其对魏晋政治领袖、世家大族的渗透或借助民间起事等方式来实现。这一过程并非单向度的,而是双方相互影响,互为利用。

一、神仙思想在社会上层的渗透和传播

魏晋时期,神仙思想积极在社会上层进行渗透和传播。受其影响,这一时期不少帝王贵胄或世家大族都喜好神仙方术,纷纷信奉道教。主要表现在以下两方面:

一方面,求仙、服食等活动盛行。比如,吴主孙权就颇好神仙之道,历史上著名的东吴派使通亶州的事件,其真实目的乃是孙权为了寻求长生不老仙药。亶州在海中,长老传言秦始皇曾遣方士徐福将童男童女数千人入海,求蓬莱神山及仙药,至此洲不还。孙权通使访求,亦是希冀能得神仙、方药。魏晋以来,贵族圈中服食长生之风十分盛行,乃至部分君王亦成为此风的追慕者和倡扬者。比如东晋哀帝就好仙嗜道,亲自实践,辟谷服长生药,但因服药过量而中毒,差点断送性命,更无法理朝政,以致崇德

太后不得不再次临朝摄政;[1]简文帝为求子嗣,主动接触方士,向神仙道士许迈学习广嗣之术。

另一方面,魏晋时期出现不少信道的世家大族,如琅琊王氏、高平郗氏、吴郡杜氏、会稽孔氏、义兴周氏、陈郡殷氏、丹阳葛氏及东海鲍氏等。出自琅琊王氏的王羲之,就是其中最著名的一员。王羲之,字逸少,东晋时期著名书法家,是创立东晋的柱石重臣王导的侄子。他常约诸友泛沧海、弋山水,有出世意,对神仙道教的各种养性修仙之术十分执着,为采药石常不远千里,遍游诸郡,穷诸名山。他给自己的几个儿子取名,亦颇有意思,其七子分别是王玄之、王凝之、王涣之、王肃之、王徽之、王操之、王献之,每一个名字都有一个"之"字。按照传统"避讳"礼俗,爷孙、父子之间取名应严格避免取同字,但王羲之父子的名字看上去明显犯讳了。原来,取名加上这个"之"字,有着特殊含义,表明其是信奉道教的。六朝天师道信徒中很多人喜以"之"字为名,"之"在其名中,乃代表其宗教信仰之意,与佛教徒之以"昙"或"法"为名者相类。在王羲之家族中,除其父子以外,在其兄弟子侄、孙辈中,名"之"者也甚多。比如,王彭之、王建之、王兴之、王彪之、王茂之、王蕴之、王裕之等。这充分说明琅琊王氏是非常典型的世代信奉天师道的世家大族。另外,除

---

[1] 事见《晋书》,第208—209页。

"之"字外,魏晋时期取名者含有"道""玄"等字,也多与道教信仰有关。

二、神仙思想与政变、民变

魏晋时期的许多政变、民变活动也与神仙道教有着直接关联。下面从赵王司马伦的废立与孙恩叛乱这两件事上来看一看。

赵王司马伦(？—301),司马懿第九子,为西晋八王之乱的核心人物。司马伦的谋主是孙秀,司马伦与孙秀都出自具有浓厚天师道文化氛围的琅琊之地。琅琊是著名方士于吉、宫崇的本土,是天师道的发祥地。司马伦在晋武帝时曾受封为琅琊郡王,后来才改封到赵。孙秀,就是琅琊人,世代信奉五斗米道(天师道前身)。《晋书·赵王伦传》记载:"伦、秀并惑巫鬼,听妖邪之说。秀使牙门赵奉诈为宣帝神语,命伦早入西宫。又言宣帝于北芒为赵王佐助,于是别立宣帝庙于芒山。谓逆谋可成。"[1]这套宗教神学是司马伦决心起事的重要诱因。当齐王司马冏、河间王司马颙、成都王司马颖三王征讨赵王之时,孙秀居然拜道士胡沃为太平将军,让他来招福佑。他天天在家中陈设各种祭祀,制作诅咒制胜的巫术文字,还让巫祝选择所谓吉利的作战日;又下令

---

[1] 《晋书》,第1601页。

近亲到嵩山上穿着羽衣，诈称是仙人王乔，作神仙书，叙述司马伦国运长久，以此来迷惑众人。当然，这样做的结果，自然可知，赵王伦战败被废。孙秀作为谋主，其行事所为，直接关系到司马伦的成败，可以说赵王从起事、称帝到被废，都与天师道有直接关联。

孙恩，字灵秀，琅琊人，是上述孙秀的族人。孙恩叔父孙泰，师事钱唐著名道士杜子恭。杜卒后，孙泰传承其术，教徒广遍南方各地。孙泰"以道术眩惑士庶"[1]，"私合义兵，得数千人"[2]，以晋祚将终煽动百姓，准备起事，引起东晋官府的注意，为司马道子所杀。孙恩则流亡海岛，仍以孙泰未死、"蝉蜕登仙"[3]为幌子，继续聚集百姓，策划起事。晋安帝隆安三年（399），孙恩率众自海上登陆，攻克上虞、会稽，杀害内史王凝之，很快得到江南八郡百姓的响应，"旬日之中，众数十万。……自号征东将军，号其党曰'长生人'"[4]。孙恩兵败后，赴海自沉，其党及妓妾谓之水仙，投水从死者以百数。孙恩死后，其妹夫卢循继续率领余众转战湖广，自封为平南将军，直到安帝义熙七年（411），才被东晋剿灭。孙泰、孙恩、卢循的起事活动，均以道术蛊惑聚众，对东晋王朝的政治生活带来巨大冲击。

---

1 2 3 4 《晋书》，第2632页。

第四节　改革"三杰"与神仙思想的流布

葛洪对神仙思想进行理论上的丰富和系统改造后，神仙思想及神仙道教开始在社会上层广泛传播，尤以天师道最为典型。至南北朝时，道教发展迎来重要变革期，涌现出北朝寇谦之、南朝陆修静和陶弘景三位杰出的道教改革家。他们各自对道教进行了系统改革，对神仙思想的发展与流布产生重大影响。

一、寇谦之与北方天师道

寇谦之（365—448），出身于北方大族，祖籍上谷昌平（今属于北京市），后徙居冯翊万年（今陕西西安市临潼区）。其父寇修之在前秦苻坚时为东莱太守，兄寇赞于北魏初曾任南雍州刺史，其家族世代信奉天师道。寇谦之少习张鲁之术，曾得仙人成公兴的指点，先入华山，后入嵩山潜心修道，终成北朝著名高道，在十六国北魏之际成为北方天师道的领袖。

魏晋南北朝时期，道教发展渗透到各阶层。在广大民间，道经谶语流布甚广，成为下层民众揭竿而起所最乐于利用的工具，是引发各地民变的导火线。道教在社会中下层的这种发展态势显然不合官方胃口，统治阶层疲于应对，道教被扣上"妖言惑众""绝非善类"的罪名而屡遭抑制与镇压；同时，儒、释、道三家纷争已然开始，道教索取钱帛财物的做法以及妄授房中之术等，容易受到来自儒门和佛教的攻击；另外，道教的组织体系十分涣散，太平道随着汉末黄巾起义失败后销声匿迹，天师道自张鲁死后，道徒星散，科戒废弛。面对如此内忧外患的处境，出身于士族阶层的寇谦之意识到道教亟须一场改革，否则将难以维持并发展下去。

寇谦之清整道教，通过吸纳儒家礼教、佛门律学思想，来规范治理北方原始道教，采取"除去三张伪法，租米钱税，及男女合气之术"[1]的措施，使道教"专以礼度为首，而加之以服食闭炼"[2]。改革目标是使道教摆脱民间巫术色彩，改变其在统治阶级中的负面形象，促其在北方少数民族统治的地区站住脚，并努力实现官方化。其改革措施主要有以下几方面：

第一，尊老子为太上老君，奉老子"为神王之宗"[3]，理顺了以前道教信奉的群仙系统，把杂乱无章的原始道教提高到官观道教的水平，使其成为贵族和平民都能信奉和认可的正统宗教。

第二，托太上老君及其玄孙李谱文之名，前后费时约三十余年，造作《云中音诵新科之诫》《录图真经》等新天师道经典，大大提升道经的质量和水平，丰富了神仙思想的理论内涵。同时，这些新道经在理论上要回答天师道发展面临的困境和时代难题。在寇谦之的时代，谶纬神学泛滥，道教内部及社会上流行"老君

---

1 2 （北齐）魏收：《魏书》，中华书局1974年版，第3051页。
3 《魏书》，第3048页。

当治，李弘应出"[1]等关于李弘即老子化身的谶语，民间依托李弘聚众起事的情况不断，这给统治者留下了道教总以老子为依托与当局对立的印象。因此，寇谦之借造作的新道经，以老子的口吻，揭示李弘之诈伪、之不可信、之恶逆，厘清老子和李弘的界限和关系。这样不仅为天师道的发展扫清了障碍，而且也去除了旧天师道的反抗性，注入了足够的正统性，也让崇奉老子的天师道不再因李弘而受压制。

第三，从组织、制度层面入手，对原始道教进行大力改革。废除了原来祭酒等道官私授教职的做法和教职世袭制度，要求道官、教职唯贤是授，即选拔品德好、贤能有才干的人担任，并规定信徒不得随意改投道官。道官招收弟子也要严格把关，需考察三年。这项改革措施一方面有利于教团保持新鲜纯净的血液，提高教团的素养和活力；另一方面，新的授职制度打破世袭制，使其取得天师道的最高领导权，为其争取上层支持和全面清整北方道教打下基础，并废除五斗米道原来二十四治的做法。二十四治即二十四教区，本是祖天师当年在巴蜀地区所立，后因五斗米道众北迁，故治名虽在，但信徒早已离开治所，如依然囿于陈规，则显然不利于天师道在北方新区域的发展。后随着天师道在北方大面积地传播，大多道官都各立山头，建立新治，出现了重复设置道官或治职空缺的现象。如纵容其发展，势必会各自为教，导致教团组织的混乱和涣散，故须废除。革除了入道交纳五斗米旧

---

[1]《道藏》第18册，文物出版社、上海书店、天津古籍出版社1988年版，第211页。

制，这是针对当时教团内部出现的道官借入道收费等租米钱税制欺压盘剥入道民户而做的。寇谦之宣布一律废除，规定道徒一年只需交纳纸三十张、笔一管、墨一挺，以防止出现弊端。

第四，引儒入道，以儒家礼教规范道教，并以之为学道求仙的正途。寇谦之将那些不符合儒家礼教的传统修炼方术予以摒除或限制，教导道徒遵守修道戒律，认真做斋功礼拜，从而得道成仙。这些新的修道戒律明显体现出儒家的礼法内涵。比如不得违逆父母师长，不得叛逆君王、谋害国家等，提倡尊君护国、禁乱罚暴。在对原始道教的改造中，葛洪较早地提出了儒道结合的理论，"道者，儒之本也；儒者，道之末也"[1]；到了寇谦之，则进一步发展了这一思想，他把吸收儒家礼教视为治理道教的良方。这些举措一方面顺应了社会主流的需要；另一方面，道教的改革者们也认识到用儒家礼教规范道教，才可以实现道教的发展及"佐国扶命"的使命。

寇谦之对北方天师道进行道经清整和组织制度上革新的同时，积极走上层路线，争取政治上层人物的支持。始光元年（424），寇谦之献道书于北魏太武帝，并在崔浩的帮助下，得宠于太武帝。崔浩出身于清河崔氏，这是北朝第一名门。崔浩又是北朝宰相，深得太武帝信赖，同时信奉天师道，与寇谦之关系密切，互为师友。经由崔浩的举荐，天师道最终获得北朝官方的认可和支持，占据国教的地位，寇谦之也成了北朝国师，改造后的新天师道称

---

[1]《抱朴子内篇校释》，第184页。

为北朝天师道。

经寇谦之的改造，北方道教摆脱了原始风貌，其民间性式微，而其封建性、辅政性色彩渐浓，成为符合士大夫贵族阶层口味的上层道教。寇谦之的道教改革本身也是神仙思想和神仙方术的一次发展和革新，并因其国教地位的确立而加速了神仙思想在社会上层的流布。

二、陆修静与南方天师道

继寇谦之之后，南朝刘宋时期的庐山道士陆修静（406—477），对南方的天师道也进行了改革。陆修静，吴兴东迁（今浙江湖州市吴兴区）人，出自江南士族名门吴郡陆氏，据说是三国时吴国丞相陆凯的后裔。他自少修习儒学，爱好词章，年长时弃家入云梦山隐居修道。泰始三年（467），宋明帝召陆修静至建康，请讲道法，并于天印山（方山）筑崇虚馆以居之。陆修静对南朝道教改革发展的贡献主要为整顿天师道组织体系、整理道教经典、制定新的道教戒律和仪轨等。

张鲁降曹、天师道北传后，原有的组织系统和科律制度无法维持下去，出现组织涣散、科律废弛的严重局面。曹魏末年，张鲁后裔发布《大道家令戒》，揭示了当时道教祭酒制度混乱废弛的状况。到了晋末至南北朝时期，这种混乱局面更加严重。寇谦之在北方遇到这样的问题，南朝也不能避免。陆修静决心着手解决这一问题，提出了一整套改革方案和措施，主要体现在《陆先生道门科略》中。

首先，反对淫祀之风，崇奉三师正法。南朝时期，江南地区天师道盛行，但巫鬼信仰、淫祀之风在天师道团中十分普遍，民众有疾不求医，而是信巫鬼，各类巫鬼信仰活动费用万计，百姓动辄倾家竭产，造成了社会混乱局面。面对这种情况，陆修静旗帜鲜明地反对类巫鬼活动和淫祀之风。《道门科略》云："祭祀鬼神，祈求福祚，谓之邪；称鬼神语，占察凶吉，谓之袄；非师老科教，而妄做忌讳，谓之巫。"[1]这些行为都是倒行逆施，是不被允许的。陆修静主张维护天师正教，以"清约治民"，做到"神不饮食，师不受钱"[2]，即废止民间血牲祭祀，道官不得索取钱帛财物，从而达到节用财力、和安百姓的目的。

其次，健全"三会日"制度。三会日为道教三官[3]考核道民功过的日子，分为上会、中会和下会。此制曾盛行于三张统治时期的汉中地区，后因天师道的衰落而逐渐废弛。陆修静重新健全"三会日"制度，规定道民必须在三会日到本师治所参加宗教活动，申报登记道民家中男女口数，听道师宣布科禁，考核功过，确定受箓等级等；禁止道官自行署职，实行按级晋升的制度，即普通民众须有功德，才能受箓为道民，道民受箓之后，有功者才能升迁。通过此类制度建设，借以整顿名籍，规范教团组织系统，

---

1 2　《道藏》第 18 册，第 782 页、第 779 页。
3　这里的道教三官，是指上元天官、中元地官和下元水官。

改变了旧天师道祭酒制度鱼龙混杂的局面。

再次，他在总结原有的各种斋仪的基础上，进一步制定和完善了道教戒律和斋醮仪范，对后世道教影响很大。道教戒律是一套约束入道者的纪律规范。戒的内容主要为入道者应遵守的事项，律则是犯戒时的惩罚条文。斋醮也叫道场或法事，是一套很有特色的宗教仪式活动，在仪式活动中，道士们身着道袍，手持法器，吟唱着古老的曲调，在坛场里作法，这就是斋醮。南北朝时期，道教戒律和斋醮仪范已有很大发展，但不免有混乱的情况。陆修静根据自己综合了解的道教各派戒律和斋醮仪范，整理出一套比较完整规范的规定。他编著有关斋醮仪范的著作多达百余卷，不仅对上清派、天师道等道派的斋醮制度做了明确的叙述和规定，还从理论上对斋醮的重要性做了阐释，指出其是修道求仙的关键。

陆修静的道教改革活动推动了南朝道教从原始的民间道团向士族新道教发展。改革后的南方天师道被称为南天师道，道教在南朝宋齐之时的社会地位很高，统治者也因此接受、宠信道教。道教的教规教戒、斋醮仪范经过系统地修订之后，便逐步定型，各种规章制度更为健全，道教组织更为严密。

三、陶弘景与南方天师道

稍后于陆修静，南朝又出现一位著名的道教改革家陶弘景，他对以前流行于南方的葛洪金丹道教、杨羲的上清经箓道教及陆修静的南天师道，又进一步总结、充实和改革，可谓是南朝道教改革的集大成者，开创了茅山宗。

陶弘景（456—536），南朝齐、梁时道教学者、炼丹家、医药学家，字通明，自号华阳隐居，谥贞白先生。他出身于江东丹阳名门陶氏家族，其祖上在吴、晋两世累居高官。入南朝后，虽非多财之豪门，但门风向学，陶弘景自小就接受良好的教育，十七岁时就以才学闻名于世，通晓儒道经籍。陶氏家族世奉道教，且入晋以来，与同郡的许氏、葛氏等奉道世家联姻。陶弘景受家族传统信仰熏陶，自幼对神仙道教十分感兴趣，后师从南朝著名道士孙游岳（陆修静弟子）。他青年时代曾为官十几载，但仕途不顺，中年后决心隐居，修道于茅山。陶弘景居茅山后，开设道馆，招收徒弟，弘扬上清经法，使茅山成为上清派的传道基地，并形成了茅山宗。茅山宗以上清经箓为主，兼收并蓄各派道法及儒释思想。陶弘景所开创的茅山宗，对后世道教的发展，有着深远的影响。

陶弘景广泛收集整理上清经，并撰写《真诰》，著有《登真隐诀》《真灵位业图》等重要道书，建立了较为系统、完善的神仙信仰体系。《真诰》一书约撰于齐、梁之际，专门记述上清派的早期教义、方术及历史。全书引用了众多道经，提到了大量道教历史人物、神话故事、仙官鬼怪之事，记述了具体修行方术等，实为早期上清派教义和历史的集大成著作。陶弘景非常重视此书，比之为佛教基本经典《莲华经》和道家经典《庄子内篇》。《登真隐诀》是一部抄撮上清经有关方术秘诀，总结有关服气疗病、导引按摩、养生登仙之术的道书，与上述的《真诰》相辅相成。

《真灵位业图》则仿照人间的等级制度，给神仙排了座次，分了等级。道教在长期发展过程中创造了诸多神灵，因不同道派尊奉的真神各不统一，致使道教神灵信仰陷入庞杂、混乱的局面。比如，早期道教天师道和太平道都尊奉老子为最高神，称之为太上老君。后来北朝的北天师道和楼观道也是如此，皆尊太上老君为教主、为最高神。东晋南朝则不然，南方道教除尊奉古代传说中修仙得道的神仙真人外，上清派尊奉"元始天王"为最高神，灵宝派的最高神则称"元始天尊"。此外，他们还大搞造神活动，造神最多者就是东晋中后期新出现的上清派和灵宝派，天神、地祇、仙真、人鬼，样样俱全，大大扩充了神仙世界和阴间世界的规模。如此众多的神灵，名号变化无常，关系杂乱不清，漫无统序，使信众无所适从，不利于道教的传播和扩大影响。鉴于此，陶弘景网罗群神，根据世俗"朝班之品序"和"高卑"原则，将神鬼世界按照从天上到地下的次序分为七个阶次组织排列起来。陶弘景认为"虽同号真人，真品乃有数；俱目仙人，仙亦有等级千亿"[1]。神仙世界里的等级观念在原始道教里就已经存在了。《太平经》里已将神仙分为四等，即神人、真人、仙人、道人，道人

---

1 《道藏》第18册，第272页。

是末等神仙；到了葛洪那里，他援引《仙经》，将神仙分为三等，即天仙、地仙和尸解仙。陶弘景的神仙图谱，各层设有居于中央的主神和若干数量的左右神仙以及其他散仙等，其构成了一个庞大的神仙世界。《真灵位业图》构造了道教的神仙谱系，也反证现实世界等级制度的合理性。

当了茅山道士的陶弘景并非隐居而不问世事，实则对时局洞若观火。据史载，梁武帝即位后，每有大事必专使山中咨询，恩礼频频，时人称为"山中宰相"。但陶弘景对政治谨慎地保持着距离，南朝齐明帝、梁武帝都先后敕迎、礼聘他，他都以自己的方式婉言谢绝。比如，有一次梁武帝手敕召见他，陶弘景画了一幅二牛图回应。画作当中，一头牛散放在水草间；一头牛戴着金笼头，有人执鞭，以杖驱赶着。梁武帝得见此画，知其无意仕途，就不再勉强他。

寇、陆、陶的道教改革活动，都顺应了这一时期道教官方化、成熟化及儒、释、道三教融合的大趋势；其改革过程中都极积争取社会上层人物的支持，比如寇谦之之与太武帝、陆修静之与宋明帝、陶弘景之与梁武帝，都通过上层人物的支持来扩大道教影响，巩固改革成效。经过改造后的道教满足了上层统治者的精神需求和政治诉求。他们的改革标志着神仙思想和神仙道教发展到了一个新阶段。

第五节　神仙与佛陀：佛道相争与仙佛思想的交流

成仙是道教的追求，成佛则是佛教的理想。道教是土著，佛教最初是个舶来品。当舶来品形成气候时，必会与土著争夺资源，两者矛盾油然而生。这是南北朝佛道二教相争的历史逻辑。

一、佛道共进与思想交流

魏晋之际，玄学思潮的兴起，玄学的思维逻辑和理论体系，有力地促进了佛道二教的发展和传播。当时不少佛教徒研读玄学经典，热衷清谈活动，喜欢与玄学名士交往，常常是大名士的座上宾。比如，东晋著名佛教学者高僧支道林，二十五岁时剃发出家，后至建康（今江苏南京市）讲经，一时名士谢安、王羲之、王洽、刘恢、殷浩、许询、郗超、孙绰等都纷纷与他结交。支道林好谈玄理，曾注《庄子·逍遥游》，后因怀恋起清净的山川林泽，便回到剡山，栖身其间，养马放鹤，悠闲度日，其行事所为可称得上是都城名士、山林玄僧。

随着佛教在东晋社会的传播，佛学思想为玄学注入新鲜的活力，思想界出现佛玄合流的态势，而玄学也为佛学在社会上层的传播发挥积极影响，当时出现佛僧挥麈尾[1]、名士捧佛经的现象。

1　麈尾，本是玄学清谈家习用的清谈道具、风流雅器。麈，是一种鹿，麈尾以其尾毛制成，形似羽扇，但不是扇，其柄部平直，常以名贵木料、玉、贵金属制作，显示主人身份。

比如大名士殷浩善玄言，后因其主持北伐后赵的战争失败，归朝后遭桓温弹劾，废为庶人，流放东阳。此后，他开始研习佛经，他常读的《维摩诘经》在当时东晋士族文士中就拥有相当广泛的社会影响。另外，玄学思潮与道教的神仙思想、道教的基本经典有着天然的联系，不少玄学世家同时也是世奉道教的，两者间的相得益彰自不必多言。

佛道两家在思想上有一定程度的相通性，两者互为援引，相互解释。从佛教的一方来看，汉明帝时翻译的《四十二章经》，是中国最早的佛经，其译者即是以神仙方术理论来解读，从而使之带上了黄老道术的浓厚色彩。著名方士襄楷于延熹九年（166）上书桓帝，指出"或言老子入夷狄为浮屠"[1]，这说明在当时有人认为佛教亦为老子所创，二教同出一源。此说虽谬，并成为后来二教激烈斗争的导火线，但在佛教初入中国时，却是有利于它立脚生根的，这可以视为佛道互相结合的表现。到了东晋，孙绰著《喻道论》，以问答的形式对佛和道、周孔之教与佛教的关系等进行了论证。关于何谓"佛"与"道"，孙绰解释说，佛就是体悟"道"的道者，佛道之间本质相通。

从道教的一方来看，道教受佛教影响，一方面仿佛经而大造经典，先后有葛洪的《抱朴子》、陶弘景的《真诰》及寇谦之的《录图真经》等，使道教蜕变，渐与佛教形成分庭抗礼之势。其中《真诰》很典型地大量吸收了佛教思想，几乎囊括了佛经《四十二

---

[1] 《后汉书》，第2082页。

章经》中有关断灭爱欲的全部内容。南宋著名学者朱熹就直接指出："道书中有《真诰》，末后有《道授篇》，却是窃《四十二章经》之意为之。"[1]此说虽有贬低道门之嫌，却反证出道经对佛学的吸纳。另一方面，道教还仿佛教仪轨，来制定道教科仪。道教有斋醮科仪，斋醮科仪中又有坛场转经，设法师、都讲等职，这些都是仿照佛教相关仪式而来。另外，道教还把佛教的诵经、持戒修养方法吸收进来。如《太上洞渊神咒经》说，只要道教徒能坚持诵经、持戒，就可以避免疾病、官事、邪恶等，且可由此成仙。著名道士陶弘景更是在融摄佛教教理上身体力行，在茅山中立佛道二堂，隔日朝礼。曾有学者指出，汉代佛法初来，道教也刚刚萌芽，二教之间分歧对立的形势并未形成，而相得益彰的地方倒有不少。当时佛道二教均借老子化胡说，会通两方教理，所以帝王们也常把两者并重看待，共同信奉，不足为奇。

二、佛道相争与思想交锋

东晋之后，佛道二教似渐成水火。佛教经过魏晋时期的大发展，信众甚多，影响力早已今非昔比，而道教面对外来者咄咄逼人的发展态势，亦欲巩固扩大自己的影响，争夺宗教资源，两者冲突在所难免。冲突表现或在政治层面，各自劝喻统治上层的信

---

[1] （南宋）朱熹著，（南宋）黎靖德编，王星贤点校：《朱子语类》第8册，中华书局1986年版，第3010页。

奉者以政治手段排斥对方；或在思想文化层面辩难不已，掀起一轮轮口舌之争。

从政治层面来看，北朝"二武灭佛"事件的发生都裹挟着佛道相争的阴影。北朝的"二武灭佛"是指北魏太武帝拓跋焘和北周武帝宇文邕下诏灭佛的重大事件。北魏风俗向来信奉佛教，太武帝本人也归宗佛法、敬重沙门，比如当时的佛门高僧惠始曾在平城传播佛法，颇受太武帝礼敬。但太武帝当时醉心于帝业和军事，对佛教学说谈不上真正了解，对佛教经典也没有精力真正去研读。后来得道士寇谦之，对其清静仙化之道十分感兴趣，当时朝中司徒崔浩亦奉寇谦之之道，经常劝说太武帝，因此太武帝也深加信奉。太平真君三年（442），"帝至道坛，亲受符箓"[1]，太武帝成为正式道教徒。太平真君七年（446）春，太武帝亲征盖吴（北魏关中农民起义军首领）。其随从无意中发现在长安一所寺院中藏有兵器，致使太武帝猜疑寺院僧人与盖吴通谋。另外，有些汉族的沙门僧侣与北魏王室出家的后妃私行淫乱，这件事也深深刺痛了太武帝，让他深感蒙羞。当时崔浩恰好随行，乘机劝帝灭佛，太武帝遂下令诛杀长安沙门，毁坏佛像，全面禁佛，史称"太武灭佛"。

再看北周武帝灭佛。北周从太祖宇文泰直至周武帝以前的闵帝、明帝都崇信佛教。佛教在北周长盛不衰，严重影响了北周的兵源和税收来源。周武帝上台后，决心灭佛。当时道士张宾上书

---

1 《魏书》，第94页。

请求废除佛教，周武帝召集群臣及名僧、道士，讨论三教的优劣，意在压低佛教的地位，定儒为先，道教为次，佛教为后。这引起了佛道的论战，僧侣道安、鄄鸾等上书诋毁道教；朝中实力派人物宇文护信奉佛教，从维护佛教的立场出发也不同意这样的定位。所以虽经过多次讨论，三教之间仍未能定位。但经过双方论辩，双方均暴露了更多的缺点和问题。武帝于是下诏"断佛、道二教，经像悉毁，罢沙门、道士，并令还俗"[1]。在建德六年（577）灭北齐后，周武帝亲临北齐邺宫，召集僧众宣布废佛，史称"周武灭佛"。

从思想文化层面上看，佛道之争的战线延展的范围和时间跨度则更广。佛道论争最早见于东汉，中天竺僧人迦摄摩腾与诸道士论难。西晋惠帝时，沙门帛远和道士王浮二人常辩两教之邪正，掀开两家正式论争的序幕。辩论中，王浮屡屈，退而作《老子化胡经》。"老子化胡"是指中国的老子西出函谷关，到西域对西域人、天竺人实行教化的传说。该传说早在汉魏之际就已经流行于中原，起初的主旨在于揭示佛道同源，殊途同归，并无根本差异。佛教初入，正可借此攀援道教，获得发展空间。后来由于佛教的迅速发展壮大，影响了道教的宗教地位和宗教利益，引发了某些道教徒的嫉恨，他们开始以老子化胡说来贬低佛教，诽谤佛法，王浮即肇其端。《老子化胡经》自王浮最先撰出，经过了数百年不断加工、完善，才最后扩增定为十卷。道教徒造作此经的用意非

---

[1] （唐）李延寿撰：《北史》，中华书局1974年版，第360页。

常明显，不过是借此说明老子高于佛陀，道教优于佛教。佛教徒自然不甘示弱，不断地对《老子化胡经》进行反驳。双方围绕此书，前后辩论了近一千年。

老子化胡说本身是荒谬不实的，在关于这一话题的历次佛道争辩中，基本上都是佛胜而道屈，可这一说法仍然流行上千年，这背后实质反映了中国传统夷夏观念的根深蒂固。后来，南齐道士顾欢著作《夷夏论》，可以说是老子化胡说的升级版，也是佛道夷夏之辨的代表作。道教与佛教，一个是本土宗教，一个是夷狄之教。道教利用的正是本土文化的优势，通过老子化胡说来争夺其在宗教中的正统地位。而这一时期的历次反佛、灭佛事件，都无一例外地打出"夷夏之辨"的旗号，借口佛教是"夷狄之教"而除之。"老子化胡""夷夏之辨"等是佛道相争的核心话题，通过论辩、反击和回应，大大促进仙、佛思想的交锋与交流。双方为了各证其说，分别造作了与此有关的大量道书、经文和辩论文等，如有关的道书就有《老子道德经序诀》《老子西升经》《老子开天经》《出塞记》等；佛教方面有《笑道论》《二教论》等。

但正是通过与佛教的交锋，道教大量吸收了佛教思想、教义乃至宗教仪轨，大大丰富了神仙思想的理论水平和修仙手段。比如，佛教的因果报应说即为道教的修仙理论所吸收。古灵宝经之一的《太上洞玄灵宝本行因缘经》提到，修道之人只能得地仙之道，原因是前世"少作善功"，体现了佛教的因果报应和轮回学说；同时只顾着度自己而不念度人，只为自己能得道而不为别人求道，也只能修得地仙，这种思想显然又和佛教"大乘"与"小乘"概念直接对应。再如，道教吸收佛教中超现实世界的观念，来扩充神仙世界的纵深范围。原始道教中关于神仙世界的描述，主要是仙山洞府、海岛灵州以及日月星宿等，即在天地之间构筑仙境体系。在受到佛教世界观念的影响和启发后，不仅地狱观念被引入道教，其还根据佛教三界说发展出三十六天以及三清天等庞大的神仙天境体系。特别是其中"三清天"的说法，与三清尊神的概念相配合，演变发展成道教三位一体的最高神。而三清神则显然受到佛教的"三身"（释迦牟尼的法身、报身、应身）说的影响。总之，经过魏晋南北朝时期的共存与相争，仙家与佛家进行了长期的思想交流，各取所需，各鉴所长，共同取得进步。

第四章
隋唐五代时期神仙思想的兴盛

第一节 崇道之风与成仙热望

道教经过南北朝时期的改造,发展为适合统治阶层需要的官方化的成熟宗教。进入隋唐时期,政治上南北一统,文化上混一华戎,这种大融合的趋势为道教和神仙思想的发展带来机遇。唐代统治者定道教为国教,置于儒、佛之上,社会崇道之风兴起,道教发展进入鼎盛期,与之相应的求仙、修仙活动大盛于天下。

一、帝王的神仙信仰

"开皇"是隋朝第一代皇帝文帝杨坚的年号,而这一年号的来历与道教有密切的关系。据《隋书·经籍志》记载,道教尊神之一的元始天尊降凡人间,开劫度人,授以秘道,"然其开劫,非一度矣,故有延康、赤明、龙汉、开皇"[1],可见开皇本是道教度劫的

---

1 (唐)魏徵:《隋书》,中华书局1973年版,第1091页。

劫名,文帝取之为年号,象征南北分治局面的结束和历史新纪元的开始,为新生的隋王朝寻找合法性依据。文帝杨坚出生于冯翊(今陕西大荔)般若寺,由尼姑智仙抚养至十三岁始离寺归家,特殊的成长经历让人容易理解其佞信扶持佛教的缘由。[1]然而其对道教也积极予以笼络、利用,并推行佛道二教并重的政策,下令对敢于毁坏佛道神像者给予严惩。

文帝死后,其子杨广即位,是为隋炀帝。他继承其父的宗教政策,既重视佛教,也扶持和利用道教,并积极调和佛道二教的矛盾。他在长安、洛阳两都或巡游各地时,经常以僧、尼、道士、女官自随,每日盛陈酒宴,称之为"四道场"。据史料记载,大业年间,炀帝任用崇信道士,频繁从事各类道教法事活动。"大业中,道士以术进者甚众。"[2]此外,炀帝对道教的长生思想表现出浓厚的兴趣,命人开凿北海,周围长达四十里,在北海中积土石造了三座山,以仿效道教仙话中的东方海上三神山,并在山上建了许多精美的亭台楼阁;炀帝喜著述,专门组织人力从事道教经籍的搜集和整理工作。虽然隋王朝立国短祚,但文、炀二帝对道教的扶持,为唐代道教的兴盛奠定了基础。

到了唐代,道教的地位比隋代进一步提升。隋代定三教顺序,置道教于佛教之后、儒门之前,而唐代立国不久就将其拔擢为三教之首,大加崇信。魏晋南北朝以来的门阀观念使出身并不显赫

---

1 相关事迹记载可参见《隋书》卷一《高祖纪》和《续高僧传》卷二十八《释道密传》。
2 《隋书》,第1094页。

的李唐氏族对自己的家世显得底气不足，故其将道教教主老子攀附为其祖先，宣称自己是神仙后裔，以广大门第。同时，隋朝末年的道教谶纬符命学说十分兴盛，"李氏代杨"的谶言大行天下，李渊起兵反隋时积极利用之，并在几场关键性战役中制造老子"显圣"的传闻。待其登基称帝后，道教自然地位大涨。

唐代道教国教地位的确立，必使其所宣扬的神仙思想风靡天下。唐代帝王一马当先，成为崇道求仙的积极实践者，他们热衷于炼丹服食，崇信神仙道士。唐代帝王的向仙饵药之风自唐太宗始。早年间的太宗不信神仙，认为神仙事虚妄不实。为了表示不重蹈秦皇、汉武妄求神仙的覆辙，太宗甚至咏诗明志。《全唐诗》卷一记载了太宗皇帝征辽东时的一首《春日望海》诗，其中有"之罘思汉帝，碣石想秦皇。霓裳非本意，端拱且图王"[1]的句子。可见，英气十足的太宗皇帝并不把求仙慕道作为追求，而是力图平定四方、建功立业。然而到了晚年，太宗皇帝因身体渐衰，转而开始求仙问药，祈愿长生。贞观十九年（645），太宗车驾访问神仙道士张道鸿，并赐以衣服。[2]求仙的同时，太宗已开始服食丹药。贞观二十一年（647），向为太宗敬重的长孙皇后之舅高士廉病逝，太宗欲到高府吊丧，房玄龄"以帝饵金石，谏不宜近丧"[3]。贞观二十二年（648），王玄策破天竺国，得到一个胡人方士，那

---

[1] 黄钧、龙华、张铁燕等校：《全唐诗》第1册，岳麓书社1998年版，第5—6页。
[2] （宋）王钦若等编：《宋本册府元龟》，中华书局1989年版，第3698页。
[3] （宋）欧阳修、宋祁撰：《新唐书》，中华书局1975年版，第3840页。

第四章
隋唐五代时期神仙思想的兴盛

胡人自称已经二百岁了，有长生之术。太宗深加礼敬，命之造延年之药，并下令兵部尚书崔敦礼监主之；同时发使天下，采奇药异石来炼丹。[1] 次年，其因服胡僧药，"竟无异效，大渐之际，名医莫不知所为"[2]，显为丹药所害。

唐代诸帝中，玄宗皇帝是一位狂热迷信神仙道教的帝王。其统治早期颇似太宗，不事仙术。自开元后期以来，天下承平日久，而玄宗帝人到中年，不免倦怠政事，对道教神仙的兴趣日隆。他亲自注解《道德经》，设置玄学教官；册封道教祖师真人封号，并优待当世高道，如司马承祯、吴筠等；曾召见唐代高道张果，问其神仙方药之事，甚至想把妹妹玉真公主嫁给他；重视道教音乐，著名的《霓裳羽衣曲》就是由玄宗皇帝亲自制作的道教乐曲；迷信炼丹服食，命道士孙太冲在嵩阳观炼丹，还在兴庆官内设置专门炼丹的场所——合炼院，供奉道士炼丹，乃至垂暮之年仍不忘炼养之事，自云"吾比年服药物，比为金灶，煮炼石英。自经寇戎，失其器用"[3]。

玄宗之后的宪宗也好神仙方术，崇信方士柳泌，因服其所进的丹药而中毒，变得性情暴戾，左右近侍多被杀，而自己也被亲信宦官杀死；穆宗上台后，诛杀了柳泌等人，然而"后人哀之而不鉴之，亦使后人而复哀后人也"[4]，不久，穆宗重蹈先皇老路，

---

[1] （后晋）刘昫等：《旧唐书》，中华书局1975年版，第5308页。
[2] 《旧唐书》，第2799页。
[3] [4] （清）董诰等编：《全唐文》，中华书局1983年版，第411页、第7745页。

崇信起炼丹道士，并服食丹药，而后中毒而死。此后的敬宗、武宗等无不如此。

从史料记载来看，有唐一代的二十一位帝王中，至少有十二位迷恋道教的金丹服食之术，分别是太宗、高宗、武则天、玄宗、宪宗、穆宗、敬宗、文宗、武宗、宣宗、懿宗、僖宗。这十二位皇帝中，有五人直接或间接地死于丹毒，即太宗、宪宗、穆宗、武宗和宣宗。有唐一代的服丹恶果给皇室带来直接危害的程度，在古代中国的盛世王朝之中是绝无仅有的。然而唐代诸帝尊宠方士、炼丹服药的行为，形成了上行下效的风气，对唐代社会产生了深刻影响，掀起全社会崇道求仙的热潮。

二、隋唐时期社会的求仙热潮

隋朝官方对道教的扶持，加上地域上的南北融合，使得神仙信仰伴随着道教发展，突破地域性局限而获得新的发展空间，在民间具备相当大的影响力。原来主要在南方流传的上清派茅山道，自北周以来开始向北方渗透，著名茅山道士焦旷，在北周武帝年间入居华山，传授上清经法。楼观道士王延前往师之，得上清三洞秘诀真经。隋代著名上清派茅山道士王远知，受到炀帝优待，在他的积极活动下，茅山宗获得政治支持向北方传播，获得长足发展。此外，隋朝统治下的汉中、巴蜀等地巫鬼之风盛行，民间崇奉道教，有浓厚的道教传统。

第四章
隋唐五代时期神仙思想的兴盛

到了唐代，繁荣发达的物质经济、包容开放的社会文化以及最高统治者的尊崇支持，为民间社会道教神仙思想的大流行准备了充足条件，求仙学道蔚然成风。士大夫阶层仿效唐代诸帝，迷信长生仙术，交游道士，竞相炼丹合药。唐初名将尉迟敬德，晚年"笃信仙方，飞炼金石，服食云母粉"[1]；时号玄宗朝"内宰相"的王琚"好玄象合炼之学"[2]。毛仙翁，唐代著名道士，有驻颜之术，能预言吉凶祸福，并擅长秘术和医术，弟子众多。《全唐诗》中题名为赠毛仙翁的就有二十余首，其作者有韩愈、白居易、元稹、令狐楚、牛僧孺、刘禹锡、施肩吾、李益、李宗闵、柳公绰等[3]，涉及当世贤相、名士，可谓网罗中晚唐时期的朝彦名流，他们为向毛仙翁求仙问药，不惜屈尊降贵，执子弟之礼。这些无疑反映出当时士大夫阶层求仙慕道风气已然十分兴盛。

反映这一时期社会生活风貌的文人笔记小说，同样记载了不少关于人们痴迷仙道的故事。五代时期的孙光宪著《北梦琐言》，讲述了"张氏子教壁鱼"的传闻。尚书张裼之子，年少时听说壁鱼[4]进入道经函中，因蠹食道经中的"神仙"二字，身体发生变化，有了五色。人若能取这样的壁鱼吞之，就可以飞升成仙。张子惑之，于是书写"神仙"字，剪碎后放置于瓶中，又捉壁鱼

---

1 2 《旧唐书》，第4449页、第3248—3249页。
3 虽然赠诗的真伪问题尚有争议，但其背后反映出的士大夫阶层的求仙风尚仍不失为客观事实。相关争议问题，可参见罗争鸣：《中唐党争与文坛风尚：〈毛仙翁赠行诗〉的真伪、价值及相关问题考论》，《云南大学学报》2013年第4期。
4 壁鱼，是寄生在衣服及书籍中的一种蠹虫。

以投之,"冀其蠹蚀,亦欲吞之,遂成心疾。每一发作,竟月不食"[1],仙未求成反而患上了精神病。更有人为了求仙,特地将求官之地选在了仙人所居的名山。据《太平广记》卷四十六《王太虚》记载,东极真人王太虚隐居王屋山中,王琮听说王屋山是神仙之府,别有洞天,便求为王屋令,欲结庐其中,希望能与仙人交游。[2]

当求仙热潮在社会上蔚然成风之际,士大夫虔诚向道、孜孜以求者可谓踵趾相接。他们不辞艰辛登山访道、散财求药,不惜抛弃前程,转投道门,甚至举家入道。比如,施肩吾于唐宪宗元和年间状元及第,不待授官,即退隐西山习仙;王季文于唐懿宗咸通年间中进士,官授秘书郎,后辞官归隐九华山修仙术;崔玄亮曾官至谏议大夫,因好道术,居官不久辄去。

在唐代士大夫求仙者中,"诗仙"李白的求仙事迹可谓唐人世范。作为一位多产诗人,李白的一生创作了很多诗歌,在《全唐诗》中就收录了其九百多首诗歌,其中咏及求仙的篇章多达百余首,足见其求仙热忱。首先,学仙甚早。他约五岁时就开始接触道教术数和符箓功法,其《上安州裴长史书》云:"五岁诵六甲,十岁观百家。"[3]十五岁时,开始自觉地追慕神仙。其次,喜好寻仙漫游的生活。李白年少时就开始了游仙生活,其《感兴八首》其

---

[1] (五代)孙光宪撰,林艾园点校:《北梦琐言》,上海古籍出版社2012年版,第89页。
[2] 《太平广记》,第287页。
[3] 瞿蜕园、朱金城校注:《李白集校注》,上海古籍出版社2018年版,第1820页。

四自述"十五游神仙,仙游未曾歇"[1],又说"五岳寻仙不辞远,一生好入名山游"[2]。他历山川、访名道、求仙药,终其一生未曾停歇这般漫游生活。再次,学道修仙之志十分坚定。大约二十五岁时,李白于江陵幸遇年近八十仍鹤发童颜的高道司马承祯,得其教诲、点拨和称赞,求仙之志愈加坚定。李白一生心气甚高,不愿摧眉折腰,但为了追求神仙理想,宁愿俯身事仙长,向道士长跪问宝诀,甘为仙人扫落花。最后,亲受道箓、举家学道。公元745年秋,经历长安失意的李白,此时已过不惑之年,他为追寻理想,便亲受道箓,归入道籍,成为一名真正的道士。他不仅鼓励友人学道,在他影响下,其妻女也喜好学仙问道。其《题嵩山逸人元丹丘山居》诗云"拙妻好乘鸾,娇女爱飞鹤。提携访神仙,从此炼金药"[3],可见李白是举家求仙。

唐代女性崇道、入道现象也十分常见。来自宗室贵族的上层社会女子,好道之风盛行。据学者研究,唐代两百零七位公主中,约有二十余位公主入道或曾经入道。[4] 其著名者有太平公主、玉真公主、万安公主等。当时两京的不少道观即为公主舍宅而建。而妃嫔女官、豪门女眷入道者也甚多,比如寿王妃杨玉环,入道后法号太真;宰相李林甫之女李腾空,入庐山修道。来自民间的普通女子,受世风影响,也不乏追仙慕道者,每当高道设坛斋醮,她们都争相观睹,人数众多。

---

1 2 3 《全唐诗》第2册,第578页、第510页、第586页。
4 参见王永平:《道教与唐代社会》,首都师范大学出版社2002年版,第442页。

第二节 "重玄"之道与神仙思想

东晋之后,重玄学继魏晋玄学之后逐步形成和发展起来,经过南北朝时期佛、道学者的阐发,至隋唐时期兴盛起来,成为一种时代新思潮,对隋唐时期道教教理和神仙思想的发展演变产生深刻影响。

一、何谓"重玄"

"重玄"源出《老子》首章的"玄之又玄",本义是形容"道"幽远深邃的特性,揭示了道的神秘莫测与终极性。早期道教在其发展过程中,并未对老子"玄"的内涵做过义理上的深入探究和辨析。魏晋六朝时期,儒家经学衰微,玄学思潮兴起,玄学家们熟读《老子》《庄子》,又受到佛教思想的熏陶,他们热衷于辨名析理,纷纷注解《老子》,推动了对老子"道""玄"等概念的义理探讨,形成玄学思想史上著名的"本末""有无""体用"之辩;一些道教学者受到时代思潮的影响,亦从本体论的角度阐释"玄"。

到了唐代,重玄学者对"玄"给予了新的阐释。唐太宗时的著名道士、重玄学家成玄英,在对《老子》作注疏时,汲取佛教中观思想,阐明"玄之又玄"的重玄之道。他指出,从语义上讲,

"玄"就是深远，而从哲理上看，"玄"的含义乃"二俱不滞"，即不执着于"有"，亦不执着于"无"。执着于"有"或者"无"都是滞，都是人欲的表现，亦都在排遣之列。那么，又何谓"又玄"呢？在遣除欲念的过程中，人们往往又会导入"玄滞"，因而还须遣除这种"玄滞"，以达到"不滞于滞"或"不滞于不滞"。用简单的话说，就是执着于"有"或"无"，都在排遣之列，但在排遣这种"执着"的过程中，人们还会陷入对排遣的执着，因此，还要对"排遣"的执着进行"排遣"，经过这样双遣双非的双重否定，才得"重玄之道"。[1]可见，重玄的旨趣，在于用否定之否定方法，破除一切约束、执着和规定性，以达到一种绝对自由的虚无境界。重玄之学虽然富含高度抽象的哲学思辨，但其最终目的还是在于追求精神的绝对自由，以解决个人的安身立命问题。

二、重玄学与神仙思想

唐代最有代表性的重玄学者往往都是道教徒，比如成玄英、王玄览、李荣、司马承祯、杜光庭等道教学者。富有思辨色彩的重玄学落到道教这里，会对道教神仙思想产生怎样的影响呢？

第一，重玄学的道教学者对传统神仙思想生命观做了新的阐释。两汉以来神仙思想对生命意义的追求，一个根本的核心点，

---

[1] 张继禹主编：《中华道藏》第9册，华夏出版社2004年版，第234页。

就是肉体的长生不死。然而重玄学者们,其生命观不再执着于追求肉体的永恒,其对生死的参悟超越了生死之界限。他们批判传统神仙思想的生命观执着于"身",圣人能做到"不执身为身,忘怀迷执"[1],故才能越出三界,成为"生之徒";只有忘却身相,即身而无身,才能入于不死之地。主张"有欲生死,无为长存"[2],既忘却生,也忘却死,死生混一,才能顺应万化,而解脱生死,从而长生久视。可见,重玄学者的生命观为神仙思想构建了一种新的生命哲学系统,其理论本身的思辨性和对人性诠释的深刻性,都对道教传统宗教观形成极大的冲击。

第二,重玄学者的动静观对传统的神仙方术、修道方法做了理论创新。重玄学者对于动和静,在本质上不做区别,认为具动相者也具静相,即动即静,动静不二;动和静都是道的存在形式,动为道体之用,静为道自体。道是虚静,道之动就是不断地向其自身回归,即"归根返本"。这种动静观落实到修道上,则侧重于静。他们认为,道本性清静,修养长生之道的关键,在于提倡无欲无为的静养方法。"静是长生之本,躁是死灭之原"[3],"静则无为,躁则有欲"[4]。守住虚静,则能长存。所以重玄学的道教学者们指出了坐忘修心、定慧双修的修道方法,这就导致传统修仙学道所注重的"炼形",改变为"炼神"。如王玄览提出,"炼形"是只能得"形仙"一类低品位的仙的修仙方法;而坐忘是"炼神",最终可以得常真之道。后来司马承祯还著有《坐忘论》,全面总结

---

1 2 3 4 《中华道藏》第9册,第271页、第253页、第268页、第253页。

精神修炼的理论和方法。

第三，重玄学的心性论对后来神仙丹道理论的发展转型产生深远影响。道教自诞生时即确立了长生久视、得道成仙的基本教旨，长期以来，其修道之要偏重于服药炼形、安神固精，所以早期道教中缺少明心见性的教义。南北朝以后，其受到佛教弘扬佛性论的冲击，才渐渐有了心性方面的内容，到唐代时，其得到了进一步的发展，其中的重要表现就是一批重玄学者开始借《老子》而谈心性。通过老学阐发出一套道教的心性学说，这是唐代重玄学派道论的另一重要特点。重玄学者指出，道在人身上的体现就是性，并且是"正性"，也叫"真性"。一切众生皆禀"正性"。它在众生之中不仅是遍在的而且是平等的。这种真性，表现为自然纯一，清静淡泊，无欲无念，无为无滞。个体修道其实就是去掉矫伪之性，向其真性复归，回归真性的关键就在于修心。众生之心常为外界世俗物欲所遮蔽和诱惑，故导致真性陷于物欲纷争而迷乱。修道的主要任务便是要摆脱外界的拘制，除情去欲，复归正性。只要破除心中的所有执着，使心处于空虚静寂的状态，此时心便能与道互相冥会，融为一体，从而返本归根，复于真性，达到"不灭不生"之重玄妙境。

修心正性是重玄之学中的一个共同内容，他们试图将本体论与心性论统一起来。尽管心性方面的理论探讨尚处于初创阶段而不可避免地存在着诸多问题，但其意义却十分重大。卿希泰先生等指出,把心性论与本体论结合在一起,熔铸出心本体,即道心一体,以此作为神仙学的依据,这就为后世道教由外丹转向内丹的成仙之道奠定了理论基础,并对宋明理学产生一定影响。

在这一批重玄学道教学者的努力下,唐代道教教理主动接受了佛教的影响,使之由传统的直观、简单的宗教生存形式,深化为深沉、精妙、极富哲理的思想体系,修道的方式由向外的追求转为向内的体验,这在外丹盛行下的黄金时代不啻为一种先见之明。

第三节　唐人仙话话仙人

仙话是描写仙人活动为主要内容的民间文学作品,是具有中国特色的俗文化的重要组成部分。我国的仙话早在战国前期就已经产生,早期问世、流行较广的如西王母仙话、黄帝仙话、蓬莱大人仙话等。仙话创作经过秦汉、魏晋南北朝长达八百年的发展,到了唐代走向顶峰[1]。唐五代时期,道士、文士们创作了大量仙真传记,如《神仙感遇传》《续仙传》《疑仙传》《江淮异人录》等。唐人仙话内容庞杂,题材多样,鲜明地反映出唐人的时代精神,并昭示出唐人对"仙"的认识和仙人关系的发展变化。

1　仙话创作的发展历程,参见梅新林:《生命的渴望与超越——中国仙话研究刍议》,《浙江师范大学学报》1990年第3期。

一、隐仙

《庄子·秋水》篇讲述了这样一则故事。当时楚国国王想请庄子出山到楚国做官,便派遣两位大夫找到庄子,表明来意。庄子以龟自喻,巧拒楚使。他说楚国有一只神龟,死了三千年了,被楚王用布巾包裹好装在竹匣里,珍藏于庙堂之上。他反问大夫,当时这只龟是愿意死了留下骨头被人尊贵,还是愿意活下来拖着尾巴在淤泥里爬呢?答案是显然的。庄子宁可做一只在泥浆中苟活的乌龟,也不愿让高官厚禄束缚自己而失去逍遥自在和独立人格。

庄子的这一思想两千多年来深深影响着中国的士人心理,也深深烙印在玄门教徒的宗教生活实践中。在玄门之中,隐仙派是一支颇有影响的派别,隐仙派的高道往往行踪神秘,过着避世逍遥的生活,他们自觉摆脱俗世的烦扰,尤其对权力保持警惕和游离。而在唐代的仙话故事中,隐仙题材是重要的类型。据研究,唐人仙话中的隐仙遁隐的方式主要有两种:一是隐藏神仙身份,委身于俗世人间并积极济世度人;二是以隐避世,希求全性葆真。他们身上体现出来的和光同尘的生活方式与遗世独立的身份意识,构成了隐仙独特的文化意蕴,成为道教隐仙小说的一个重要的特色。[1]

---

[1] 关于唐代隐仙的研究,参见谭敏:《唐末五代道教小说中的隐仙》,《四川师范大学学报》2010 年第 5 期。

《神仙感遇传·权同休友人》记载着一位隐仙的故事。秀才权同休，唐元和年间落第，后在苏州和湖州之间旅游。旅途中因为生了疾病，生活贫穷窘困。当时他雇了本村一位村夫。权同休病中想喝甘豆汤，于是就让他去买甘草。村夫待了很久，却不去买，只准备了开水和火。权秀才想他可能不愿意伺候自己了，又见他折树枝握满一把，屡次反复揉搓，稍微靠近火上，树枝忽然变成了甘草。权秀才感到奇怪，认为他一定是有道行的人。过了很久，又见他取来些粗沙，揉搓整理之后已经成豆了。等到甘豆汤做成了，它与平常的甘豆汤没有什么不同，权秀才的病也渐渐好了。权秀才对村夫说："我贫穷窘迫得像这个样子，不能用什么买一点东西了，只能脱下沾满污垢的衣服卖了，可用这点钱置办少量的酒和肉，用来会见村老，乞求一点旅途川资。"村夫微笑说："这本来是微不足办的事，我应该筹划这件事情。"于是，他砍来一棵枯干的桑树枝，捆成几把，集中在盘子上，用嘴把水喷在上面，桑树枝就变成了牛肉，又从井里打出几瓶水，水倒出来就成了甘美的酒，村老都酒足饭饱。权秀才获得了五十束细绢。

《续仙传》卷上记载了一位卖药翁的故事。这位不知姓名的卖药翁，常常提着一个大葫芦在街市上卖药。人们患病有疾，向他求药，不管给不给钱，他都会给药，而且药效神奇，服用即能痊愈；他常常醉酒，卖药得了钱，还会赠予穷困者；有人开玩笑地问他是否有大还丹售卖，他报价一粒一千贯钱，人们听了都嘲笑他得了疯癫。他时常会在城中笑骂人们"有钱不买药吃，尽作土馒头去"。人们听了，都不晓得其中真意，反倒更嘲笑他了。后来，他到了长安城，抖搂葫芦，里面只剩一丸药。倒出来后，药丸极大，还能发出光亮。老人将药丸放在掌中，喟叹自己卖药百人，见过无数人，却无人愿拿钱换此药，十分可悲。老翁决定自己服药，药才入口，老翁的脚下就生出了五色彩云，飘飘然地飞腾而去。

这两则仙话故事讲述的都是隐于人间俗世里的神仙。前一则的村夫显然是一位道行高深的神仙，但为何要以佣夫仆役的身份出现并屈尊服侍一位贫士呢？原来他是一位谪仙，因犯了过失被罚，做佣夫仆役是受罚自救的方式。他虽以凡俗卑微的面貌示人，但仙人的神通、神迹尚存，常常以此救济世人。后一则的卖药翁，是一位隐于市廛的高道仙人，他以药物济世救人，并想以此找到适合度脱的有缘人。

遁世常是隐仙全性葆真、摒除外界物欲的一种选择。《续仙传》记载了唐代常州高道张果的故事。他是以道术闻名于世却选择坚隐不出的一代隐仙。据记载，唐太宗、高宗都曾征召过他，他辞绝不出；武则天主政时，又召之，张不得已通过佯死来避召；到了唐玄宗天宝年间，皇帝再次遣使征召，张果又一次施展了佯死术，弟子们甚至将他下葬，后来开棺验察，才发现不过是一口空棺而已。张果以隐遁的方式，来摆脱权力的控制、逃避世俗的纷扰，以获得精神上的自由和逍遥。

唐人仙话小说中的隐仙，极富时代特色，他们或隐于名山幽林，或隐于宫观市廛。观念是现实的反映，仙人之避世是唐人现实生活的投影。

二、女仙

唐代尊奉道教，在道教文化的影响下，无论是贵族女性，还是平民女性，都有不少皈依道门。入道后，她们可以像男子一样束发，并戴黄冠，故女道士也被称为女冠。据《新唐书·百官志三》崇玄署条记载，唐代两京之地（即长安和洛阳）道观中的男道士有七百七十六人，而女冠九百八十八人，女冠的数量还多于男性道士。[1] 唐代玄门女性道众的增多和影响力的扩大，客观上影响到唐人仙话故事的创作，以女仙为主角的仙话故事多发生在唐代，唐人仙话中，女仙主题占了相当大的比重。

唐末五代时期的著名道教学者杜光庭，专门为女仙立传，撰成《墉城集仙录》。这是一部关于女仙的仙话集子，是道教历史上的第一部女仙集传。它向世人展现了绚丽多姿的女仙世界，反映了道教女仙崇拜的特点。女仙世界有着森严的等级秩序，女仙们各有仙品，不可差越。杜光庭将老子之母圣母元君虚位到女仙最尊的地位，实以居于墉城的金母元君即西王母及其统领的昆仑系

---

[1] 据学者研究，《新唐书·百官志三》崇玄署条关于男女道士数量的记载，当是指两京之地道观中的道士数量，而非全国的总数。参见张泽洪：《唐代道教规模辨析》，《宗教学研究》1991年第1期。

女仙为宗,她们扼守成仙之门;再以上清派崇奉的女仙亚之;等级最末者为来自民间的由人而仙的女仙。道教本有驻容之术,杜光庭笔下的女仙,不仅能长生久视,而且个个仙容妍丽,青春不老。比如,历世不浅的西王母,看上去不过年二十许;采女已经二百七十多岁了,容颜却似十五六岁的少女。女仙们还身怀绝技,有不凡的仙术,高者可统理天地,调和阴阳,下者也能凭借仙术,施惠民间。女仙们道行高洁,品性清雅,历史上关于部分女仙的俗情及涉及房中方术的记载都做了纯化处理。这些墉城女仙,并非男性神祇的附庸,她们有自己独立的神格和尊崇的地位,这在一定程度上反映出道教对女性的尊重及其朴素的平等观念。

唐代数量更多的关于女仙的仙话,多为文士创作。唐人小说以《太平广记》收录最多且较完整。《太平广记》共五百卷,其中"神仙类"就占七十卷,是《太平广记》中单类卷数最多的,而其中女仙类又占十五卷,以女仙为主角的小说有近百篇,这是唐人小说中以女性为主角者数量最大的一类。在女仙类的小说中,反映人仙相恋内容是其中的一大类,也是成就最高的一类。

人仙婚恋小说的女主角都是神仙,男主角则为凡夫俗子。这类降游人间的女仙,常常被描绘成美艳多情的形象,而她们所生活的天庭女仙世界似乎清冷寂寥,远不及人间温情而富有吸引力。比如《太平广记》卷六十四《太阴夫人》(出自《逸史》)记载太阴夫人奉上帝之命,被遣至人间自求配偶。《太平广记》卷六十五《赵旭》(出自《通幽记》)记载天上仙女青童,因为"久居清禁,幽怀阻旷",上帝罚她"人间随所感配"。这些女仙不堪寂寥的天庭生活而降临人间,所谓上帝派遣,不过是托词而已。《太平广记》卷六十八《郭翰》(出自《灵怪集》)记载天上织女"久无主对,而佳期阻旷,幽态盈怀"[1],便下凡找到郭翰,当郭翰问她牵牛之事时,她竟然问道:"天上哪比人间?"她把这份人间情爱看得非常重要,她的大胆直率令人惊讶。

当女仙们从仙界走出,与凡间男子相恋步入婚姻后,作为人妻的她们,自然要受到人间礼数法则的束缚。《太平广记》卷二百九十九《韦安道》(出自《异闻录》)记载韦安道与后土夫人的故事。后土夫人权势显赫,地位尊崇,她掌管着四海之内的岳渎河海之神、山林树木之神以及天下诸国之王。当时女皇武后只是她辖下的最后一人,对她跪拜礼数周到,非常恭谨。但因冥数所定,后土夫人下嫁给久不中第,地位、才能均极平庸的韦安道。嫁给韦安道后,后土夫人作为人妇,须遵守"聘则为妻,奔则为妾"[2]的古训,她要求韦安道带她回家,"庙见尊舅姑,得成妇之礼"[3],其谦恭柔顺、知书达理,虽人间女子亦不可及。然而,后土夫人却没有讨得韦安道父母的欢心,他们疑心她是妖精,请来和尚道士作法镇压。当然人不如神,一个个皆告失败。于是,韦安道父母使出了最后一招,逼迫韦安道出妻,出妻的原因很简单:舅姑不喜欢她。后土夫人虽贵为天仙,却败在了人间礼法之下,

---

1 3 《太平广记》,第 420 页、第 2376 页。
2 《礼记正义》,第 871 页。

不得不接受离异的命运。

综上所述，唐人仙话中的女仙，因创作主体和宗教信仰的不同，其形象的塑造在道教学者笔下与普通文士笔下展现出明显的差异。文士创作的女仙婚恋故事成为唐人仙话中关于女仙的叙述重点，压倒了传统的修道成仙主题，表现出由宗教向世俗生活转化的轨迹。这类仙话中的女仙们全无不食人间烟火的清高，也没有了昔日高高在上的威仪，她们完成了性格人情化的转变，带有浓厚的世俗性色彩。

三、酒仙

道教作为本土宗教，其对酒的态度不同于佛教。早期道教虽对酒的危害有清醒的认知，反对酗酒、嗜酒，但并没有严格要求禁酒或戒酒。我们更多感知的反而是酒在早期道教的宗教生活中扮演着重要的角色。比如，原始道教中天师道高级神职人员使用了祭酒的称号，在一些宗教仪式上会使用酒进行祭祀活动。道教的历代仙真人物、崇道人物，也往往和酒有着密切联系。比如，一位名叫女丸的女仙，本是陈地集市上卖酒的妇人；道人孔元方与同道斗酒时，能玩起以杖拄地、倒立饮酒的高难度动作；魏晋时期那些崇道的玄学名士们，更是把饮酒服药引为时尚。

到了唐代，社会繁荣发达，酒肆林立，饮酒成为人们社交、放松的重要生活方式，饮酒之风盛行天下。唐朝诗人刘禹锡的诗篇《百花行》中就有描写长安城"无人不沽酒,何处不闻乐"[1]的句子,杜甫的《饮中八仙歌》更是形象地描写了唐代八位任诞豁达、嗜酒豪饮的名士,其中的贺知章、李白还是入了道籍的道士。在这种风气熏染下,道教仙人们似乎也不能免俗,酒肆成为他们流连的常处,纵酒成为唐人仙话故事中仙人们的一大特征。

《太平广记》卷四十《章仇》(出自《逸史》)讲述章仇公镇守西川时,常派下属察访高道术士。有一卖酒的店家,不仅卖的酒好而且愿意赊贷。四个戴着纱帽、拄着藜茎拐杖的人常来此饮酒,他们的酒量都多至几斗,积累的酒债达到十多石。他们总是谈笑风生,饮至尽兴而去。后来得知,这四位都是得道的仙家,是仙格极高的太白酒星。

《太平广记》卷七十二《叶静能》(出自《河东记》)讲述了唐汝阳王和一位道士饮酒的故事。汝阳王就是上述"饮中八仙"之一的唐宗室李琎,他好道嗜酒。当时道士叶静能常去汝阳王府做客,便向汝阳王推荐了自己的徒弟常持蒲。其徒虽是身长仅两尺的侏儒,但酒量惊人。酒过数巡之后,他与王以大斛盛酒,用大杯取酒相互对饮,约定量足则止。酒逢对手,使得向来擅长饮酒的汝阳王也有几分醉意。又喝了很久之后,常持蒲对王说:"只能喝一杯了,再喝就醉了。"汝阳王不信,就继续劝酒,常持蒲不得已又饮尽一大杯,结果就忽然倒下,变成了一只大酒榼,里面还装着五斗酒呢。小道士变作了酒器,成了真正的酒中仙。

---

1 《全唐诗》第 4 册,第 392 页。

仙话故事中的这些神仙人物浪迹世间、嗜酒纵饮，颇有唐人气度。酒可以是麻醉剂，让人陶醉，暂时摆脱现实的烦恼和痛苦；酒可以是催化剂，促人灵感，诗酒结合留下千古名篇；酒可以是兴奋剂，致人癫狂，点画之间下笔如神。而仙人纵酒，所事者何？唐人仙话中，我们发现这类纵酒的仙人，或放浪诙谐、嬉笑怒骂，或佯狂玩世、行为乖张。他们以一种悖于常俗的方式，向世人宣告着自己的生存方式、生命理想和内心独白。

《全唐诗》《太平广记》均记述了唐代道士马湘的逸闻趣事。马湘，字自然，杭州人，是大中年间的道士，据称他貌丑、齇鼻、秃鬓、大口，嗜好饮酒，醉卧时常以手入口。他仙术高超，能令溪水倒流，可挂梁倒睡。他有诗云："昔日曾随魏伯阳，无端醉卧紫金床。东君谓我多情赖，罚向人间作酒狂。"[1]

《太平广记》卷二十二《蓝采和》（出自《续仙传》）记述行乞道仙蓝采和的事迹。此人常穿一件破蓝衫，腰上系一条三寸宽的黑木腰带，一脚穿靴，一脚光着，像个疯子。他夏天竟然在蓝衫内加穿棉衣，冬天则躺在雪地上睡觉，身上还冒出"蒸汽"。他每天在大街小巷唱歌乞讨，手里拿着三尺多长的大拍板，喝醉了，就打着拍板，唱个不停，身后总有一群老人和小孩跟着看热闹。他机智敏捷，诙谐有趣，对问题应声作答，常引得大家捧腹大笑。后来蓝采和来到濠梁（今安徽凤阳一带），有一次在酒楼上喝得大醉，忽然传来云鹤笙箫之声，只见蓝采和闻声而起，飘升在空中，

---

[1]《全唐诗》第 8 册，第 626 页。

掷下衣衫、靴子、腰带、拍板，然后冉冉而去。没过多久，地上的物件也不见了。

酒与仙的结合，虽非自唐人起，但唐人却在仙话中赋予了仙人好酒的形象。仙人纵酒是唐人现实生活中饮酒风气在仙家生活中的投射。同时，酒仙形象的构造，更是唐人对仙家生活的浪漫想象。酒肆是人间欢场，饮酒作乐，酣畅痛饮，正是对苦短浮生、现实羁绊的一种释怀，而唐人崇道慕仙，仙家生活是自由无拘的理想，无酒岂能有趣。仙人纵酒，不止于尽兴，更常是豪饮、醉饮，以醉卧高歌、狂放自恣为高格，他们甚或身份微贱、衣着寒酸，混迹于市井之中，颇似一介寒士。部分仙话的作者通过仙人悖于常俗的言行表达自己内心的孤愤和对现实世界的批判。

第四节　挑战与调整：唐宋之际神仙思想的转型

"渔阳鼙鼓动地来，惊破霓裳羽衣曲。"这是唐代诗人白居易《长恨歌》里的名句，说的是755年安禄山于渔阳举兵叛唐之事。渔阳的战鼓声，不仅惊醒了沉浸在美色和仙乐法曲中的唐玄宗，也击碎了唐王朝的盛世美梦。自安史之乱至北宋初年，中历五代十国，这一时期的中国社会割据动荡，社会秩序与价值伦理被战乱的现实无情打破，人们向往独善其身，希冀安时处顺而自立于乱世。而乱世中，道教也面临着现实的挑战，神仙思想发生了相应的调整与转型。

一、唐宋文化精神的嬗变

大唐王朝是帝制中国的黄金时代,唐王室先祖崛起于武川镇,后为西魏北周时期的高级军事贵族,是关陇集团的核心成员,唐王室很典型地体现出当时胡汉交融的态势。唐朝的帝王不仅有着胡汉血统,他们也深习和喜好胡人文化,这成就了唐文化的基因和风貌。著名学者陈寅恪先生曾精辟指出:"李唐一族之所以崛兴,盖取塞外野蛮精悍之血,注入中原文化颓废之躯,旧染既除,新机重启,扩大恢张,遂能别创空前之世局。"[1] 故唐文化气象恢宏、兼容博大,尤在初唐、盛唐时期表现突出。

这一时期的唐王朝,政治上,君王多能励精图治,虚心纳谏,君臣关系融洽,太宗与魏徵,武则天与狄仁杰,玄宗与姚崇、宋璟等就是极好的君臣合璧的例证;选贤任能,政令通畅,形成了清明的政治气象。经济上,国家重视农业生产,百姓富足,同时又注重发展贸易,商业繁荣发达,社会一派升平气象。民族关系上,唐王朝恩威并施,又视"胡汉为一家",多民族能和平共处。唐朝王公贵族、士民百姓面对政治开明、物阜民安、四夷臣服的盛世景象,自然会升腾起文化心理的自豪感与优越感,他们热情地拥抱现实,赞美身处的世界,并追逐世俗的享乐,整个社会洋溢着欢乐、浪漫而热烈的氛围。而唐朝的文化精神由此变得开朗

---

1 陈寅恪:《金明馆丛稿二编》,生活·读书·新知三联书店2009年版,第344页。

刚健、豁达宏放。《大唐新语》卷十记载:"开元初,宫人马上始着胡帽,靓妆露面,士庶皆效之。天宝中,士流之妻,或衣丈夫服,靴衫鞭帽,内外一贯矣。"[1] 唐人这种追求时髦、追求新奇的风流习尚,正说明了他们心理的宏放自信。大唐帝业的盛世武功也激发起诗人文士心中的豪情,他们意气昂扬,向往着任侠使气的洒脱和马上杀敌的功业。李白《与韩荆州书》自述:"十五好剑术,遍干诸侯;三十成文章,历抵卿相。"[2] 他本人就有过少年任侠的经历,在追忆年轻时期的生活时,不止一次提及杀人,后来还以文学笔法成功塑造了侠客的经典形象——"十步杀一人,千里不留行。事了拂衣去,深藏身与名"[3]。极具青春活力的侠客成为当时人们心中追慕的偶像。

魏晋时期生命意识的觉醒开启了魏晋玄风,铸就了魏晋士人的文化精神。而到了盛唐时期,唐人的生命观被注入了强烈的功业意识,人们对生命的追求演变为建功立业的政治热情和希望扬名后世的伟大理想,这也是唐人文化精神的重要一面。国力强盛的盛唐,是一个开放、外向的时代,是一个富有献身精神、充满英雄主义的时代。唐人李靖,早年就立下大丈夫以功名取富贵、不屑作章句儒的志向,后终成一代名将。在功业意识的鼓动下,立功于边塞成为唐人理想中的自觉选择。而边塞军旅的豪情生活,

---

1 何正平、王德明等编著:《大唐新语译注》,广西师范大学出版社1998年版,第407页。
2 (唐)李白:《李太白全集》,上海书店1988年版,第604页。
3 《全唐诗》第2册,第440页。

边塞雄奇壮伟的景色,足以引起向往不世功业的初、盛唐知识分子的感情共鸣。他们讴歌和赞美边塞的军旅生涯,从初唐的骆宾王、杨炯、陈子昂,到盛唐的高适、岑参、王昌龄、王维,无不写就不少边塞诗的名篇。比如王昌龄的《出塞》其二:"骝马新跨白玉鞍,战罢沙场月色寒。城头铁鼓声犹振,匣里金刀血未干。"[1]诗文运用象征笔法,描写了一场惊心动魄的战争刚刚结束时的情境,诗人以寥寥数笔,刻画出将士们的英雄气概,展现出他们的自信与豪情以及敌人不灭、战斗不止的昂扬精神。

然而时移世易,唐末五代至北宋,改变的不仅仅是王朝世系,文化精神也发生着深刻的嬗变转型。唐人原本开朗、活泼、率真、浪漫、昂扬、奋进、雄阔、浑厚、慷慨、豪迈的精神气质所赖以形成、存续的客观环境与社会氛围,已经不复存在。渔阳鼙鼓揭幕了唐帝国的衰败,暴露了盛世光环下的隐忧。至中晚唐,国力疲敝,割据四起,大唐帝国的雄风不再,人们目见的是繁华褪去,面对的是现实的无奈,那个风流而梦幻的时代渐行渐远,大劫之余的人们只剩下对往日美好的追忆和对现实的深深伤感。曾经的那种宏放、刚健的盛唐格局不再继续,那个本希望投身其中的理想世界正不断发生着动摇和崩塌,整个社会弥漫着浓浓的感伤情绪,社会心理也失去了往日的自信;对现实的无力感,让人们丧失了政治上的热情和建功立业的抱负。

继唐帝国灭亡,五代更迭、十国分立,战乱不止的残酷现实,

---

[1]《全唐诗》第 2 册,第 261 页。

已经让人们丧失最后的幻想,锋镝余生成了人们最大的奢望。对于有自觉意识的知识分子而言,他们开始了自我救赎,转而寻求栖息心灵的淡泊境界,追求内在精神的安顿和升华;而对于更多人而言,他们在这种情境下油然而生的是空虚感和及时行乐的颓废心态。北宋建立,结束了割据局面,中原一带虽实现了统一,但幽云地区始终孤悬版图之外,且王朝疆域范围大大缩小,而北方还有契丹辽国虎视眈眈,在这种境地之下,宋人自然难有唐人那种睥睨四方、豪迈雄浑的气象。同时,宋经由武人夺权立国,并对武人割据深为惶恐,其订立的祖宗之法,重在防弊,在这样的理政思维主导下,国家的文化精神由唐代的外向进取张扬转为宋时的内向含蓄理性。

二、外丹实践与神药之殇

唐宋之际文化精神的转型是这一时期神仙思想发展演变的大环境。而道教和神仙学说自身面临的危机与挑战,则是转型的内在因素和更直接的动因。简单说来,中唐以后,道教金丹误人、黄白致死、祈禳不验的问题日益严重,使得社会对道教和神仙学说产生了广泛的信任危机。

晋唐以来,炼丹术、黄白术逐渐发展,并步入鼎盛时期。唐代可以说是炼丹、黄白术发展的黄金时代。唐代物质文化繁荣发达,崇道之风盛行天下,丹药、黄白成为帝王贵族、文人学士竞相追访、寻求的对象。他们热衷交接神仙方士，访求金丹大药，遂使服丹成风。著名文学家韩愈曾写过一篇《故太学博士李君墓志铭》，铭志的对象是其兄之婿，墓主死因居然是服丹中毒而死。另外，在这篇墓志铭中，韩愈还以目见相识之人的服丹结局，痛陈丹药之害。他列举了工部尚书归登、殿中御史李虚中、刑部尚书李逊、逊弟刑部侍郎李建、襄阳节度使工部尚书孟简、东川节度使御史大夫卢坦、金吾将军李道古，皆因服丹中毒而死。韩愈本为辟佛、辟道的主将，但戏剧性的是，韩愈本人晚年也迷上了炼丹服食。据白居易《思旧》诗云："退之服硫黄，一病讫不痊。"[1] 硫黄是道教炼丹的主要原料之一，这样一个深明丹药之害的人也死在丹药上。据说，韩愈服食硫黄还有特别的创意，他晚年养了一群公鸡，在给公鸡的饲料里拌上道家修炼常用的硫黄末，且不让公鸡交配，养足千日以后，韩愈才命人烹杀煮食，这样的"硫黄鸡"，被称作"火灵库"，韩愈每隔一天要吃一只，结果"终致绝命"[2]，享年五十七岁。另据清人赵翼《廿二史札记》记载，唐代服丹而死的著名大臣还有杜伏威、李抱真等。

丹药误人之事早有人提出，六朝至唐初炼丹家对金石药物的毒性已经有了清醒的认知。初、盛唐时期，由于整个社会对炼丹的迷恋与狂热，丹毒之害并未引起足够的重视，即便它遭到来自儒、佛以及道教内丹派的激烈抨击，但它仍然得到广泛传播，服

---

[1] 《全唐诗》，第 346 页。
[2] （宋）陶谷撰，孔一点校：《清异录》，上海古籍出版社 2012 年版，第 52 页。

丹者不计其数，炼丹术达于鼎盛。但至中晚唐以来，丹药之害随着实践中丹毒误人事件的广泛出现，才逐渐引起社会的足够重视，反映出人们认识水平经过了一个历史的渐进过程。或者说，正是初唐、盛唐时期炼丹实践的广泛出现，使得丹毒误人之事经过一个相当长期和足够程度的量的积累，至中晚唐才出现一个认识阶段上的质的跨越，同时与当时的社会氛围相契合，人们从狂热与迷恋中逐渐冷静下来，相对理性地反思炼丹术。

中国古代的金丹术实则包括炼金术和炼丹术。炼金术，隐名黄白术，是制造药金、药银的方术，也称点金术。古代以黄喻金，以白喻银，总称"黄白"。秦汉以来，方士们企图通过药物的点化，变贱金（铜、铅、锡等）为金黄色或银白色的假金银（即各种合金）。方士或道教徒认为用之为饮食器或直接服饵药金、药银有益寿延年的作用，后来还将它们作为修道的资金或致富牟利的手段。唐代黄白术大盛，唐代炼丹术士继承了从汉至隋的黄白术遗产，并有所发展，比如点化丹阳（砷白铜）等技术更加成熟。药王孙思邈的《太清丹经要诀》还详细记述了用雄黄和锡炼制药金的方法。在黄白术技术精进的背景下，皇室显贵多耽于其中。唐代著名道士叶法善、刘道古均治黄白，田佐元等能变瓦砾为黄金。而那些擅长黄白术的道徒方士往往在社会上有极强的煽动性或迷惑性。比如，唐代道士蔡畋，据说能用一片陶瓦，以"研丹一粒，涂半入火"[1]，即可烧成半截紫磨金，这让淮南节度使高骈颇

---

[1] 《太平广记》，第2303页。

为高兴,欲引为上宾,人们也奉他为地仙。另一位唐代文学家沈亚之在《与潞州卢留后书》记叙了这样一则故事:一位道士因犯罪下狱,仅仅是听他自己说能点化黄金,返老还童,竟致"一郡大惑,下自豪吏,皆欲德之"[1],最后只好乖乖地把他放了出来。这些故事足见黄白术在唐代社会的巨大影响力。黄白术的发展鼎盛,同样带来严重后果,造成服食者欲求长生而反致速死的惨事一再发生。

另外,唐代炼丹及黄白术大盛之下,出现不少实践动机不纯的情况,即表现出浓厚的世俗功利化倾向。炼丹和黄白本为成仙之手段,现在变成了求取高位或牟利致富的筹码,其神圣性大打折扣,自然引起社会对这些神仙道术的轻视。比如唐宪宗时的柳泌,本名叫杨仁力,早年学习过医术,是个栾大式的人物,敢说大话。元和年间,他结识左金吾将军李道古,得其举荐而征入禁中,得宪宗赏识和信任。他自言能致灵药,说:"天台山多灵草,君仙所会,臣尝知之,而力不能致。愿为天台长吏,因以求之。"[2]求药是假,求官是真,这样一位方士人物居然打破了唐代官员铨选的常规,被破格任命为台州刺史。

牟利求富更成为唐代外丹术的一个普遍现象。陈国符先生在《道藏源流考》中指出:

---

1 《全唐文》,第7589页。
2 《旧唐书》,第3742页。

即在唐代外丹术兴盛之时，当时道士烧炼外丹，名为求长生，究其实质，已变为制造黄白，以规财利。[1]

唐人的笔记小说《云溪友议》也记载：

纥干尚书㵎，苦求龙虎之丹，十五余稔。及镇江右，乃大延方术士。乃作《刘弘传》，雕印数千本，以寄中朝及四海精心烧炼之者。夫人欲点化金银，非拟救于贫乏，必期多蓄田畴，广置仆妾，此谓贪婪，岂名道术？[2]

制造黄白成了满足世俗贪欲、牟求财利的异化手段，哪里还能看到汲求仙道的影子。至于斋醮祈禳、作鬼弄神之类，更是荒诞不经，遭到唐代文士的批评。唐人刘叉在《修养》一诗中痛斥"世上道人多忤人，披图醮箓益乱神"，指出"此法那能坚此身，心田自有灵地珍，惜哉自有不自亲，明真汩没随埃尘"[3]。

丹毒之害、炼丹功能的异化，引起社会对炼丹、黄白术的质疑，并扩大至对神仙信仰体系的反思，这一过程最终导致神仙思想和道教在唐宋变革大背景下的转型。

1　陈国符：《道藏源流考》，中华书局1986年版，第392页。
2　（唐）范摅：《云溪友议》卷下，古典文学出版社1957年版，第69—70页。
3　《全唐诗》第4册，第743页。

三、调整与转型

唐末五代以来，社会的战乱导致大量抱着实用目的的俗人涌入道门——他们或出于保全性命以度乱世的需要，或出于修习方术以救世民之宏愿。这就带来两方面的后果，一是造成了道士成分的改变，使得笃信神仙可成者的数量相对下降；二是引起了道教的自我改变，使得道教神仙思想逐渐由出世向入世转化。

（一）从"外求"到"内求"——成仙手段和修仙思想的重大变化

由外丹向内丹转变是唐宋之际神仙思想转型的最典型表现。晋唐以来，服金丹大药成了长生成仙的最高途径，葛洪在《抱朴子内篇·金丹》中指出"还丹金液"的外丹术是成仙之"大要"，是"仙道之极"。"服此而不仙，则古来无仙矣。"此后，丹药服食直到唐末一直是道教神仙方术的主要内容。有唐一代，外丹术鼎盛至极，而因服食丹药中毒致死的事件屡屡发生，外丹术受到挫折。外丹术的没落，促进了内丹的发展。修道之士开始从服气吐纳、辟谷炼气一类传统方术出发，探索新的长生修仙方法，注重在体内炼养上下功夫，导致神仙方术发生了很大的变化。这一过程主要发生在唐末五代宋初这段时间里。

什么是"内丹"？简单地说，就是道教教徒借用烧制外丹的经验、理论和术语等来炼养自我生命。他们以人体为丹房，以心肾为炉鼎，以人体精、气、神为药物，意念呼吸为火候，"假名借象"，在人体内部"烧丹"，以求长生不死，变形成仙。[1]此与外丹方士以丹砂、铅汞作为原料而炼成的"外丹"截然不同。唐人《通幽诀》说："气能存生，内丹也；药能固形，外丹也。"[2]这说明了两者在本质上的区别。内丹之名出现于南北朝时期的梁朝，隋开皇年间的苏元朗，提出以"身为炉鼎，心为神室""自此道徒始知内丹矣"[3]，但整个隋唐时期，内丹发展仍处于初始阶段。自唐末五代至宋初，内丹学迅速发展起来，研讨内丹渐成风气。原来以讲外丹术为主的《周易参同契》，这时开始被用来指导内丹术，并被推崇。唐末五代著名道士彭晓（？—954）注解《周易参同契》，著有《周易参同契分章通真义》《鼎器歌》《明镜图诀》等，发挥《参同契》原理来阐述内丹修炼思想。自唐末五代至北宋初年，集中出现了一批内丹学的著名学者，代表人物有崔希范、钟离权、吕洞宾、陈朴、陈抟等。其中，以钟离权、吕洞宾为首的"钟吕派"内丹学者，留下了不少内丹学著述，对建构内丹学系统理论产生重大影响。这一时期作为外丹向内丹转型过渡的关键阶段，其丹道思想往往主张外丹、内丹兼修，至北宋张伯端《悟真篇》出现以后，道教修仙理论开始专主内丹，斥外丹黄白为旁门

---

[1] 郝勤：《龙虎丹道》，四川人民出版社1994年版，第7页。
[2] 《道藏》第19册，第155页。
[3] 《藏外道书》第19册，第144页。

邪术；至南宋初曾慥《道枢》中所记，则对道教以往的神仙方术几乎全部加以否定；而南宋全真道，更是完全抛弃了外丹黄白之术，专讲内丹炼养。

（二）神仙可成思想发生动摇

唐宋之际，道教炼养方式发生重大变化，而方式变化的背后实则是思想本身的调整。这种调整主要表现为神仙可成的思想发生了动摇。唐以前的道教各家各派都相信仙界是实有的、成仙是可能的。不少道教学者如葛洪等，皆反复论证"我命在我"，人可以通过修炼和服食实现成仙之终极梦想。而延续数百年的求仙风气发展到了唐代更是呈现弥漫全国之势，上至帝王贵胄，下至文人学士，乃至乡野村夫，很多人对此信从不疑，随之而来的是外丹鼎盛、祈禳频繁，但结果都是失败或无验。求仙术最大的顾主——唐代的帝王们，不少直接死于金丹大药。当个人成仙的热望被狠狠地泼了冷水，人们开始冷静地思考成仙的追求及其于生命的意义。而同时环顾身处之世，发现当年的那个令人慷慨激发的时代也渐行渐远，萧索取代了繁华，继之而起的是五代的杀伐战乱，清醒的道教学者们开始把目光更多地投向社会，顾念苍生。比如，在五代、宋初时期，道士们一反常态，大多不再以炼丹合药、点化凡躯为事，同时也不再怂恿帝王去服食求仙了，而是给他们许多其他建议。这些建议大多有着儒家安邦定国、求为治之道的思想内容。道士陈抟曾两次受到皇帝（周世宗和宋太宗）的征召，但他不是对为金之道避而不谈，就是宣称并无方术可传；

相反，他每次都劝谏皇帝当以苍生为念，与群臣协心同德，兴化致治，并认为这才是勤行修炼的最高目标。还有些道士虽然也谈修养与还丹之事，但不再像过去那样真心相信仙界实有，而是承认"大数有终"了。

神仙可成思想的动摇，还可从唐宋士大夫身上典型地反映出来。李白和苏轼分别是唐、宋时代的大文豪，各为所处时代的士林领袖，且都有"谪仙""诗仙"之称誉，两人都与道教和神仙有着难解之缘。有好道传统的巴蜀之地是他们幼时及青少年成长的共同环境，李白幼时生活于四川的绵州昌明县，苏轼出生并生活于四川的眉州眉山。他们自幼耳濡目染，深受道教文化的熏陶，熟悉道经和有关炼养方术；两人的坎坷经历，又促使他们更主动地接触道学，寻访道观，结交道士。但具体到对神仙的认识上，两者却又有很大不同。李白生活在盛唐时期，受社会风尚的熏染，十分崇道，热衷于访道求仙。在李白看来，神仙是真实存在的，故不辞辛劳地遍游名山大川，四处寻访仙人，且这种访仙活动贯穿其一生。李白迫切希望自己得道成仙，为此还亲自修炼过外丹，留下不少有关炼丹的诗文。到了晚年，李白在避地安徽安庆司空原时，甚至希望倾家事金鼎。苏轼对待神仙的态度则不同，他虽然对神仙境界也充满向往，其千古名篇《前赤壁赋》中写道："白露横江，水光接天。纵一苇之所如，凌万顷之茫然。浩浩乎如冯虚御风，而不知其所止；飘飘乎如遗世独立，羽化而登仙。"[1] 但

---

[1] 段青峰注译：《唐宋八大家文选》，崇文书局2017年版，第162页。

落到实践层面，苏轼并未如李白那般狂热地求仙修道，从某种程度上说，苏轼对神仙理想的追慕更多是精神层面的达观与超脱。他熟悉道教各类炼养方术，但却慎于选择、小心实践，重在生命的养护，而非以成仙为追求。他实则不相信神仙真的存在，其游仙诗文更多带有一种理性节制，富于理趣，与李白游仙诗飘然行空的浪漫风格有别。从李、苏两人神仙观上的差异可以看出，唐宋之际神仙思想的动摇与转变。

（三）入世与救世——神仙角色的转变

从字源上看，仙字古体是"仚"，意味成仙求仙，就要隐入山林，远离世俗，过着离群索居的生活，所以长期以来，神仙思想的核心是独立出世，上升仙界。仙界虽是人间的洞天福地，但毕竟不是熙攘烦扰的世俗人间，这就塑造了神仙人物的神秘性与出尘色彩。神仙们逍遥自由，对于国家治乱、百姓生计并不感兴趣，也很少过问，长期流传的神仙故事多在于描述仙界的美好，与世俗的浊恶形成鲜明对照。然而唐末五代以来，道教神仙思想对于尘世的态度却悄然发生变化，神仙们不但不以俗世为累，反而积极融入世俗生活，关心俗世间的苦难，并担当起济世救俗的重大责任。在唐人仙话中，晚唐以来的许多仙话故事，就典型地体现出这类神仙的俗世关怀。

《历世真仙体道通鉴》记载了唐末五代以来的大量俗世中的神仙形象。秦汉六朝以来，神仙一直呈现出遗世独立、超凡脱俗的外在形貌和充满朦胧性、神秘性的审美特质，简单地说，就是中唐以前的神仙很有"仙气",高高在上;而晚唐五代以来,情况发生了变化,神仙的"仙气"锐减,变得很接"地气"。首先就是直观上神仙形容外貌的转变。比如神仙杜升,喜好饮酒,"若三十许人,裹大方巾、破帽,冬夏常着绿布衫……人有与换新巾衫,必受之,旧者竟不脱。得新者,出门逢人便与"[1]。这样的神仙在外形上看,与市井中遇到的普通人并无二致,其形象平实生动,贴近现实生活。除了形象上的改变外,他们的行动更能体现入世性。神仙吕洞宾的传说,是其中极好的例子。吕洞宾从小饱读诗书,两举进士不第,混迹于长安酒肆。后遇钟离权,得其黄粱一梦的点化,决心放弃儒业,拜钟离权为师,学仙终南山,成为道行高超的神仙。成了神仙的吕洞宾仍常混迹尘俗,行侠仗义,施药救人,并度化有缘人,上至达官贵人,下至乞丐娼妓。这样的神仙,自然亲切无比,迎合了民众的现实需求和世俗愿望,与以前不食人间烟火的各路神仙大为不同。

唐末五代以来,神仙由原来的升仙界、列仙班,无忧无苦,优哉游哉地过随心所欲、尽情享乐的生活,变成了隐于世俗、助善惩恶、救世度人的异人和神人。神仙褪"仙气"、接"地气",从天上来到人间,这一切都使宋代以后神仙的含义发生了改变。

---

1 《道藏》第 5 册,第 325 页。

第五章
两宋时期神仙思想的革新与转型

第一节　两宋的神仙往事

经过五代十国的动乱和分裂，北宋王朝建立，中原基本重归一统，新政权的建立为道教和神仙思想的传播与发展带来了新的契机和空间。唐末五代以来开始的道教和神仙思想的转型过程到了两宋时期最终完成，无论是道教哲学、神仙思想，还是神仙方术，与隋唐时代相比，均发生了很大的变化。

一、帝位之争与神仙道士的活动

北宋统治者鉴于唐末五代以来分裂割据、社会动荡的教训，将安定国家作为首要政治任务。宋初统治者继承唐代儒道佛兼容和对道教崇奉扶持的政策，十分注重发挥道教的影响力和社会调控功能，借此揽获舆论支持，稳定民心，巩固政局。

太祖赵匡胤在做皇帝之前，便与不少道士交往密切。他在夺取后周政权过程中,曾利用这类"神仙"人物制造的各种"符命"来争取民心。华山道士陈抟就是其中的代表,他曾助赵匡胤积极争取群众,制造舆论支持。陈抟是五代宋初著名道教学者、宗教领袖和隐士,同时也是古代中国人心目中的道教"神仙",能"逆知人意"[1],料事如神,世人尊之为"陈抟老祖"。他将五代十国统一的希望寄托在赵匡胤身上,称他为"真命"天子,积极为他延誉。师从陈抟老祖的苗训,善天文占候术,很有谋略见识,曾直接辅助过赵匡胤,是陈桥兵变的关键谋划人物。他在随从赵匡胤北征途中,观察天象,发现"日上复有一日,久相摩荡"[2]的异象,并解释说这是赵氏即将代周的"天命"显现,而当晚即发生了著名的陈桥兵变。苗训之所以能"预白其事"[3],显然是因为其直接参与了兵变的决策和谋划。

  太祖之弟赵光义以兄终弟及的方式,完成了皇位继承,成为北宋的第二位皇帝——宋太宗。太宗皇帝的皇位得来并不符合封建王朝储位继承的惯例,难免引人质疑,成了宋史上的一大悬案——"斧声烛影"。为了平息他人议论,太宗需要为自己做皇帝找到神圣依据。而终南道士张守真则为这宗悬案制造了一个冠冕堂皇的神话。张守真(生卒年不详)本是凤翔府盩厔(今作周至)县人,自称在一次游终南山时遇到天神——玉帝辅臣黑杀大将军。后获道士身份,专奉此神,日夜焚香礼拜,并结坛作法,慢慢成

---

1 (元)脱脱等撰:《宋史》,中华书局1977年版,第13421页。
2 3 《宋史》,第13499页。

就了名气。后太祖不豫,张守真又制造黑杀将军降世,传言宋太祖,说"晋王有仁心"的神话[1]。太祖暴卒后,赵光义取得帝位,他的头一件大事就是把"天神"故事接续下去。登基当天,他就命令张守真在琼林苑作延祚保生坛,举行周天大醮,并利用天神降世传言的神话,制造出晋王登基称帝是合乎天意的神圣依据来,从而为其消除谋位害命的嫌疑。

再来看太宗立储。太宗原本打算立长子楚王赵元佐为太子,但元佐因不满太宗因此逼死弟赵廷美而触怒太宗。太宗决意另立三子寿王元侃为太子,此意得到寇准拥护,可是又怕诸子不服,引起日后麻烦,一时间拿不定主意。太宗又请来陈抟帮忙,让他看看诸王子的命相。于是陈抟来到王宫,以相诸王。陈抟刚至寿王邸门外,还未见到寿王,就回去报告说"寿王真他日天下主也"[2],并解释说自己看到寿王的左右近臣张昊、杨崇勋等人,都是日后位至将相之人,而他们的主子寿王自然贵不可言。太宗听后大喜,建储之事遂定。寿王被立为太子,改名为赵恒,三年后继其父皇位,就是历史上的宋真宗。

从太祖的"黄袍加身"、太宗的"斧声烛影"、真宗的储位确立,都能看到神仙道士的影响。一方面,从宗法继承原则上说,宋初三位帝王均有得位不正之嫌,他们需要宗教提供合法性的依据。另一方面,这些神仙高道人物,充分利用自身的神学影响力,

---

1 丁传靖辑:《宋人轶事汇编》,中华书局1981年版,第13页。
2 (宋)魏泰撰:《东轩笔录》,中华书局1983年版,第6页。

主动适应统治者的需要，参与政治。他们的积极活动，为北宋诸帝荣登大宝，争取了神圣的合法性依据；帝王自然知道投桃报李，积极支持道教活动。

唐末五代以来，藩镇割据，干戈相寻，频繁的战乱给道教的宫观造成极大破坏，经书亡佚，道徒星散。北宋立国后，诸帝对道教采取崇奉扶持的政策，兴修宫观，以官方名义册封道教诸神封号，并广泛搜集道教典籍，道教重新迎来了发展机遇。"赵匡胤赌棋输华山"的故事，正反映出帝王与高道之间的这种融洽的互利关系。当时的赵匡胤尚未发迹，正混迹于行伍之中，一日随军游历到了华山。陈抟老祖早知赵匡胤将至，施计诱使赵匡胤与之下棋，赵匡胤连输二局，只能以华山为赌注再下一局，结果陈抟又取胜，赵匡胤只能写下契约卖华山于陈抟。这本是一张空头支票，但后来赵匡胤做了皇帝，这张"支票"也就兑现了。皇帝把华山送给了陈抟，华山周围永远免除赋税。这就是"华山自古不纳粮"的缘由。

二、真宗、徽宗两朝的狂热崇道

真宗和徽宗时期是北宋崇道活动的前后两个高潮期。迭经五代战乱，道教式微，道书《三洞修道仪》描述了当时道教的处境："五季之衰，道教微弱，星弁霓襟，逃难解散，经籍亡逸，宫宇摧颡。"[1]北宋建立后,效仿唐朝对道教采取了扶持政策。经历太祖、太宗两朝的奠基,宋代道教得以恢复,至真宗赵恒时,通过神道设教,使宋代崇道活动迎来了第一个高潮。

宋真宗赵恒(998—1022在位),是北宋第三位皇帝,自小受到道教文化的熏陶,对道教痴迷、狂热;作为帝王,他深谙道教的政治作用,推动崇道活动既可对内巩固统治,又可对外震慑邻邦。为此,他亲自导演了"降天书"、东封泰山、西祀汾阴,并虚构圣祖,封号造神,掀起了宋代崇道活动的热潮,前后长达十余年。据《宋史·礼志七》记载,大中祥符元年(1008),皇城司报告说,左承天门屋之南角,有一块黄帛挂在了鸱鹰的尾上。于是真宗带领群臣迎拜启封,号称"天书"。[2]"天书"的出现自然是"天降祥瑞",接着,一班朝臣、诸军将校、地方官吏以及父老、僧道等不断请求封禅。于是宋真宗离京,东封泰山。真宗皇帝盛装走秀,巡行各地,所经诸州都要贡献方物,承担土木之役。各级地方官吏,为取悦真宗,争相供奉,一时间进贡者络绎不绝。东封刚过,又有人请真宗皇帝亲祀汾阴后土,河中府父老、文武百僚、僧道等纷纷上表请祠。按捺不住的真宗于大中祥符四年(1011),又以隆重仪式抵山西宝鼎祭祀后土。

东封西祀之外,真宗还仿唐王朝宗祖老子的做法,在道教中编造了一位赵姓神灵,即赵玄朗,作为圣祖。为抬其身价、崇其

---

1 《道藏》第32册,第166页。
2 事见《宋史》,第3539页。

地位，真宗还称其为人皇之一。一班拍马朝臣乘机出手，帮助宋真宗认下了这个祖宗。大中祥符五年（1012），宋真宗追尊赵玄朗为"上灵高道九天司命保生天尊大帝"，庙号圣祖，这使得赵宋王室也成了道教神仙的后裔，为宋王朝正式披上"天命所归"的神权合法性外衣。此外，真宗还热衷于兴建宫观、塑造神像、礼遇高道、编印道经等。

真宗和朝臣们联袂上演的这一出出崇道闹剧，主要集中在大中祥符年间。此时，宋王朝刚刚结束一场宋辽之间的军事对决。北宋不败而犹败，签下澶渊之盟，此事在国内引起多方议论，也给宋人的民族心理蒙上阴影。因此，真宗皇帝和部分朝臣敏感地意识到，需要用一场神道设教活动来转移视线，压服舆论，神化统治，造作福瑞、表彰功业、神化赵氏的崇道闹剧便应此而生。

宋徽宗赵佶（1100—1125在位），是北宋第八位君王，其统治时期掀起了北宋第二次崇道高潮。徽宗效法先君，在政策上扶持道教，于大观元年（1107）下诏规定将道士、女冠序位在僧、尼之上[1]，以官方名义把道教抬升到佛教之上，后来还将释氏改名易服，称佛为金仙，菩萨为仙人[2]，以从华俗。设置道阶、道官、道职、道学等。据《宋史·徽宗本纪》载，重和元年（1118）十月，仿照朝廷官吏的品秩，设立道官、道职，置道官二十六等，道职八等；设立道学制度和道学博士，徽宗于政和七年（1117）

---

1 2 （宋）杨仲良撰：《皇宋通鉴长编纪事本末》第4册，黑龙江人民出版社2006年版，第2129页、第2137页。

应宣和殿大学士蔡攸奏请，将《亢桑子》《文子》列入国子学，与《庄子》《列子》并行，又亲自为《道德经》作注；重和元年应知兖州王纯奏请，令学者治《御注道德经》，间于其中出题；为天下学道之士设置了品级进学、迁升授官的通道，以岁试成绩授以元士、高士、上士、良士、方士、居士、隐士、逸士、志士等名号，并分入官品；又依据儒学贡士法，使天下州县学道之士，通过考试可由道徒升任贡士，贡士可到京师进入辟雍学习，然后经三年一次的"大比"和殿试，合格者即为有道之士，可招延录用为道官、道职。[1]

徽宗礼敬道士，崇任道流，给他们封官赠号，可谓恩荣不绝。徽宗朝宠遇的道士有刘混康、张继先、王老志、王仔昔、林灵素、张虚白、王文卿等。徽宗热衷符箓道术，亲自召问高道，常请他们施法驱鬼、占卜预言；也常颁赐他们金银布帛、玄门道号，并授以道官、道职。部分受宠道士甚至可以出入禁闱，与皇帝有密切频繁的书信往来。

徽宗不惜耗费巨资，大兴宫观。古人认为神仙好楼宇，于是徽宗遍修宫观，以供奉神灵。徽宗即位之初，就着手道观建设，修造了景灵西宫；崇宁初年，于京师又造了长生宫，以祠荧惑，并诏修茅山道观；大观年间，为自己崇信的道士刘混康造万宁之别观，又为显扬祖烈，于赵宋龙兴之地陈桥建显烈观，历时十七年而成；政和年间，又建玉清和阳宫、葆真宫、通真宫等。宣和

---

[1]《皇宋通鉴长编纪事本末》第4册，第2133—2134页。

元年（1119）八月，京师神霄宫建成，徽宗亲自撰文书写碑记。

徽宗崇道，突出表现在他自称"天神下凡"兴道的闹剧上。前有真宗皇帝的造神先例，徽宗不仅学得了精粹，而且发挥得更出彩。他自称尚在藩邸时，就得到道祖老君的托梦，授以"当兴吾教"的使命。政和三年（1113）十一月，他又宣称自己看见玉津园东有天神降临，并亲自作《天真降临示见记》颁示天下。[1] 不久，道士林灵素因左道录徐知常的引荐，受到徽宗欣赏。林灵素善于揣度圣意，积极迎合徽宗，宣称："天有九霄，而神霄为最高，其治曰府。神霄玉清王者，上帝之长子，主南方，号长生大帝君，陛下是也，既下降于世，其弟号青华帝君者，主东方，摄领之。己乃府仙卿曰褚慧，亦下降佐帝君之治。"[2] 直接把徽宗皇帝奉为道教天神——长生大帝君，林灵素自己则是佐助帝王的仙卿褚慧，而聚拢在徽宗身边的一批权奸、宠妃也被纷纷授以仙职。比如以蔡京为左元仙伯，王黼为文华吏，盛章、王革为园苑宝华吏等，而贵妃刘氏方有宠，也被名之为九华玉真安妃。经此安排，徽宗皇帝的人间帝王家就与天上的神仙府邸梦，实现了奇妙融合。徽宗皇帝超越了先君真宗，在神化皇权上向前迈进了一大步，把赵家皇帝从冒为道教神仙的后裔，转而直接变为道教尊仙。接着，徽宗伙同林灵素等一班道士，造作了青华帝君夜降宣和殿，并授他"帝诰、天书、云箓"的事件，以进一步提升神格，以厌服群下。

---

1 （清）毕沅编著：《续资治通鉴》，上海古籍出版社1987年版，第479页。
2 《宋史》，第13528—13529页。

政和七年（1117）四月，徽宗授意道录院正式册封他为"教主道君皇帝"。这样，徽宗既为玄门教主，也是世俗皇帝，集教权、神权、政权于一身，推动崇道活动臻于高潮，道教也几成国教。

徽宗崇道、信道，至死不渝。经历靖康之变，徽宗等人已成金人阶下之囚。但此时的徽宗仍常身穿紫道袍，头戴逍遥巾，保持着道士装束，念念不忘自己的道君身份和神仙梦想。

北宋真宗、徽宗两朝的崇道活动，在客观上推动了宋代道教的贵盛发展，为道教经典的结集和道教理论的提升准备了充足的社会基础。

三、南宋诸帝的神仙缘

南宋诸帝对道教不再像真宗、徽宗那般狂热，但他们仍与神仙道士和道教有着不解之缘。

宋室南渡的草创之君是南宋高宗皇帝赵构，他对徽宗崇道的流弊曾做过纠正，但这些并不意味着高宗皇帝对道教和神仙方士态度冷淡。实际上，高宗皇帝一生对道教和神仙道士始终保持着浓厚的兴趣。由于不时遭受来自金人的侵扰威胁，宋高宗从保国延祚、消灾免难的角度出发，需要求助神灵。高宗赵构仓皇南渡后，在面临金军不断南侵的生死存亡关头，积极营建宫观，延揽羽流，并常去宫观参拜。康王泥马渡江的民间故事流传甚广，这个故事本身就极具道教仙话故事的色彩。康王就是赵构称帝前的封号。故事里说，靖康之变后，康王赵构被当作人质押在金国，与金国太子一起射箭。赵构三射三中，金国人认为这必然是赵宋在其宗族中选了一个武艺比较好的来冒充康王，小人物留下来也没用，就放他回去。赵构这才得到逃回的机会，于是星夜兼程，行至磁州地界，疲惫不堪，就借崔府君庙睡觉休息。睡梦中有神人传言于他："金国追兵马上就到，赶快离开这里。马匹已经备好，就在门口。"赵构惊醒，果然发现马就在旁边，于是急忙上马往南逃跑。渡过河后，马不再动了。下来一看，竟然是庙里泥塑的马匹。[1]崔府君是道教的神仙之一，赵构后来修建显应观，供奉的就是崔府君。据李心传《建炎以来朝野杂记》甲集卷二记载："显应观，绍兴十七年建，以奉磁州崔府君，在西湖之东岸。昔高宗靖康北使，至磁州而还。建炎初，秀王夫人梦神人自称崔府君，拥一羊，谓之曰：以此为识。已而有娠，遂产孝宗。"[2]崔府君可谓是高宗的大恩人和有缘人，不仅救了他的命，还成就了他的继任储君。

皇甫坦是宋高宗十分器重的一位神仙道士。皇甫坦，字履道，四川夹江人，或说是临淄人，后避走蜀地。《历世真仙体道通鉴续编》卷三《皇甫坦传》称其"得三避五假之术，后遁迹于蜀之峨嵋"[3]，他又自称得"妙通真人"唐隐士朱桃椎虚坎实离之旨，遂传

---

1 《宋人轶事汇编》，第155页。
2 （宋）李心传：《建炎以来朝野杂记》第2册，江苏广陵古籍刻社1981年版，第13页。
3 《道藏》第5册，第432页。

内外二丹之诀。皇甫坦不仅是一位高道,还极擅医术。宋高宗绍兴二十七年(1157),显仁皇太后目疾,宫中御医几治无效。宋高宗诏募他医,临安守臣张偁荐之,高宗召对于便殿,对他很是赏识,并将此事禀白太后。第二天,皇甫坦被诏至慈宁殿,为皇太后医治目疾,"嘘呵布气,良久,翳开目明"[1]。其精湛的医术赢得了众人的信服,"由是宫中皆呼先生为师父"。辞行之日,两宫赐资甚厚,皇甫坦一无所受,仅受香茶衣服而已。因其行,高宗对其愈加敬重,特遣使送御香到青城山丈人观祈祷,并至皇甫坦隐居地拜谒安抚,为其建观。后又多次召见他,赐给紫衫、丝履等物,并询问长生久视之道。皇甫坦隐居的蜀地距离京城毕竟路途遥远,不便随时召问,高宗于是诏令皇甫坦移居庐山,为其筑室,赐御书名其所曰"清虚庵",诏绘皇甫坦像,留置禁中,并御题其上为"皇甫真人像"而赞之。皇甫坦所受恩遇,足以反映高宗对神仙道士的虔敬态度。

高宗之外,南宋的孝宗、宁宗、理宗等都对道教持积极态度,并结交神仙道士。孝宗赵昚崇尚道学,允许道观广益田地,还曾以自己的"御容"塑造道教神仙——真武君像。据李心传《建炎以来朝野杂记》甲集卷二记载:"佑圣观,孝宗旧邸也。"此书原注谓:"淳熙三年建武灵应真君,十二月落成。或曰真武像,盖肖上御容也。"[2] 南宋诸帝中,对道教态度最为积极的当数理宗皇

---

[1]《道藏》第5册,第433页。
[2]《建炎以来朝野杂记》第2册,第12页。

帝。宋理宗赵昀（1224—1264在位），是南宋的第五位皇帝，在位四十年，是南宋诸帝中享国最久的皇帝。一方面，他推崇理学，下诏将北宋的周敦颐、张载、程颢、程颐和南宋集理学大成的朱熹从祀于孔庙，凭借皇权把理学确立为统治思想，这一举措为其赢得了士大夫支持，故其庙号为"理"；另一方面，他也优礼天师，积极利用道教为政治服务。理宗曾召见正一道三十五代天师张可大，授权他总管南方正一道、上清派（茅山宗）、灵宝派等道派以及直接为皇宫服务的道教宫观的所有宗教事务，龙虎山张天师由此取得了统领符箓诸派的显赫地位。理宗还向全国推荐道经《太上感应篇》，大肆宣扬道教的善恶报应思想，利用它来维护封建礼教，巩固自己的统治。宋理宗在绍定年间（1228—1233），命令临安（今浙江杭州）太乙宫刻印《太上感应篇》，并于篇首御书"诸恶莫作，众善奉行"八字，并命颁发全国，使它产生了广泛而深远的影响。

第二节　道派勃兴与著名的神仙道士

靖康之难宣告北宋的灭亡，骁勇的金人入主中原，南宋小朝廷偏安江南半壁河山，中国再度出现南北分裂的局势。在这一局势下，民族斗争和阶级压迫异常尖锐，给南北方人民带来深重的灾难。政权的对峙，造成南北文化交流的困难，道教在各自不同的社会环境下发展，体现不同的特点。

一、北方新道派——太一道、真大道与全真教

在金人统治的北方，严重的战乱使得道教宫观遭到破坏，道士星散，加上金人并无信道的传统，造成北方旧道教遭遇沉重打击。但深重的社会苦难滋养着宗教发展的土壤，一些落拓的儒生为寻求精神安顿，遁入道门，并纷纷创建新道派，以太一道、真大道和全真教三大教派为代表。这些新道派在民间有强大的号召力，皈依者络绎不绝。

早在金人入主中原之际，卫州（今河南卫辉市）人萧抱珍就创立了"太一道"。萧抱珍曾从旧派道士学习过符箓秘法，其创立的新道派也以符箓道法为立教、传教的主要方式，重视符咒秘箓，从事祈禳诃禁活动，为人去厄求福。太一道因尊奉太一神，故名。太一神本是道教神仙谱系中的众神灵之一，此前并未有特殊的地位，但太一道确立了以太一神为主神的中心地位，并将其塑造成一位从天而降救苦济难的至上神。太一道创立后，教派规模发展很快，"远迩响风，受箓为门徒者，岁无虑千数"。其后，弟子侯元仙将太一道传至河北赵县、正定一带。金皇统八年（1148），熙宗闻萧抱珍之名，召赴阙，赐所居之庵名"太一万寿观"。萧抱珍于金大定六年（1166）逝世，死前确立萧姓嗣教的规制，其后非萧姓嗣教者，必改姓萧，以维护一姓之承袭，这一点颇似天师道。萧抱珍之后，太一道嗣教者代有其人，至第三祖萧道冲，尚

处金朝统治。第四祖萧辅道掌教时，由金入元。金、元交替之际，萧辅道顺应社会政治形势的变化，两次入侍忽必烈藩府，取得了忽必烈的赏识，忽必烈将其誉为南朝的陶弘景和唐代的司马承祯，并下诏追封太一道初祖萧抱珍真人号。这些反映出元皇室对太一道的认同，为其在元代的发展开辟了道路，太一道得到元王朝的扶植和崇奉。传至第七祖萧天祐时，太一道逐渐衰微，最后融入正一道。

在太一道之后，金熙宗皇统二年（1142），刘德仁创立真大道（真大道也称大道教）。刘德仁（1122—1180），号无忧子，沧州乐陵（今属山东）人，后徙河北盐山。他早年丧父，家世寒微，但事母克尽孝道，读书稍通大义。据称，一日晨起，刘德仁见一须眉皓白之老叟，乘青牛车，过其家门，撷取《道德经》要言以授之，并告诫他"善识之，可以修身，可以化人"[1]，然后投笔而去。刘德仁由此玄学顿进。这则故事实借乘青牛的老叟以喻老子，自玄其道，为其创立道派制造神授依据。后来他还演绎《道德经》意旨，订立真大道的教义，可概括为"其教以苦节危行为要，而不妄取于人，不苟侈于己者也"[2]，并立下规诫九条，为教徒规范了伦理实践和立身处世之道，如不杀、不盗、除邪淫、忠君、孝亲、诚人、安贫贱、守清净、弱志虚心、知足知止，力耕而食、量入为用等。其教义、教规杂糅了佛、道教戒，并将老子思想通

---

1 《道家金石略》，第835页。

2 （明）宋濂：《元史》，中华书局1976年版，第4529页。

俗化地运用于立教理论中，同时又关注和贴近广大民众的生活实际和现实需求，是典型的民众宗教。刘德仁传教不言飞升化炼之术和长生久视之事，侧重于心地功夫，追求恬淡寡欲。真大道不同于太一道，它与北宋道教旧派并无直接联系，刘在传教过程中，又常运用道教法术为人除妖治病，在社会中下层中产生较大影响，教徒发展甚快。"一时州里田野，各以其所近而从之。受其教戒者，风靡水流，散在郡县。"[1]真大道的快速发展引起了金朝统治者的重视，而其教义、教规有利于劝善教化，对消弭人民的反抗情绪，调节紧张的民族关系和阶级关系有积极作用，适合封建伦理规范的要求和统治者的需要，故为金廷承认和保护。金大定初，金世宗诏刘德仁入居中都天长观，后赐号"东岳真人"。在金廷的赏识和重视下，真大道在北方得以顺利传播。真大道发展至金、元之交，道派内部分裂为天宝宫和玉虚宫两派，各自进行传法。入元后，元王朝执行宽松的宗教政策，两派均得到元室的承认。至元末，真大道式微，并入全真教。

除了太一道和真大道以外，北方兴起的三大新道派中还有全真教。全真教由王重阳创立。王重阳，原名中孚，生于北宋政和二年（1112），陕西咸阳人。他出身于当地望族，幼习儒籍，汲求功名，参加过金廷的考试，中过武举，但仕途不顺，长期沉沦为下僚。他四十七岁时（金正隆四年，即1159年），在终南甘河镇遇异人点化，遂决意遁入玄门，于是黜妻屏子，在鄠杜、终南

---

1 （元）虞集著，王云五主编：《道园学古录》，商务印书馆1937年版，第823页。

之间过起了乞食修道的生活。金正隆六年（1161），他来到终南山南时村，自构茅庵，并掘了一处洞穴，号为"活死人墓"，居其中修道。这种穴居修道的生活持续了数年，但其间王重阳并未招附到多少信徒。金大定七年（1167），王重阳自焚茅庵，决意东进，历经艰辛来到山东半岛，收马钰为徒，马为之立寓曰"全真庵"，"全真"之名盖始于此，全真道正式诞生。"全真"之意，历来高道解释各有不同，或曰"所谓全真者，全其本真也。全精、全气、全神，方谓之全真"[1]，或曰"功行两全，是谓真人"[2]。虽解释各异，但都不妨碍全真教积功累行、功行双全的修道宗旨。全真教力倡三教合一，强调修道在于"识心见性"，淡化传统肉体不朽的神仙观。

马钰之后，王重阳相继收谭处端、王处一、邱处机[3]、郝大通、刘处玄、孙不二为弟子，他们与马钰一道被称为"北七真"。王重阳及其弟子，本着以道济世的胸怀，倾力传播全真教，短短数年间，便建立起群众性的教团组织，发展了众多的信教民众。金大定九年（1169），王重阳逝世，其弟子马钰、谭处端、刘处玄、邱处机先后掌教。邱处机掌教时，全真教开始步入全盛期，全真教得到金廷和蒙古高层的重视，影响进一步扩大。元朝建立后，天下一统，全真教扩展传播至南方地区，且其影响又远非太一道、

---

1 《道藏》第4册，第501页。

2 《道藏》第23册，第697页。

3 邱处机的"邱"姓，也写作"丘"，本书正文一律写作"邱"，特此注明。

真大道所能媲美，故于下文专节阐释，此不赘述。

二、南方新道派——金丹派南宗和符箓新派

　　唐末五代以来，内丹学开始兴起，入宋后，内丹炼养的热潮继续推进，并呈现出波澜壮阔之势，内丹大盛，无论南北均形成了以修炼内丹为主的教派，北方以金朝的全真教为代表，而南方则以金丹派南宗[1]为典型。

　　两宋内丹学都以钟、吕一系为主流，两宋知名的内丹修炼家，其师派传承多可溯源到钟离权和吕洞宾，金丹派南宗也是源自钟、吕。但金丹派南宗之祖实是张伯端（？—1082），他博览群书、学养丰厚，曾为府吏数十载，因对仕途灰心，遂焚烧文书，而被发配岭南。后其在成都遇仙人（一说此仙人即为刘海蟾）得诀，又著《悟真篇》，传教天下。张伯端之后，有石泰、薛道光、陈楠、白玉蟾承传道法，他们五人被后人尊为"南宗五祖"。

　　从张伯端到薛道光，道法传承以师徒秘法相授为方式，并未形成教团。从陈楠起，大量招授子弟，传扬丹法，至白玉蟾，才开始形成较大的教团，金丹南宗大盛。白玉蟾（1194—1229），本姓葛，名长庚，世为闽人。后来母亲改嫁，他就继为白氏子，易名为白玉蟾。他幼从陈楠学丹法，嘉定五年（1212）八月秋，再遇陈楠于罗浮山，得授金丹火候诀并五雷大法。他曾云游罗浮、

1　金丹派南宗，因世人比照北方传内丹的全真道而得名。

武夷、天台、庐山、阁皂等地，寻师访友，学道修炼，同时收陈守默、詹继瑞、留元长、彭耜等为徒。据称四方学者，来如牛毛，影响日益扩大，后复归武夷止止庵传道授法。

据学者研究，在南宗活动方面，白玉蟾除建庵立坛外，还取汉天师"二十四治"法，按"师家曰治，民家曰靖"传统，立"靖场"为传法之所。其传人也曾立"靖场"，既为香火之地，也做内丹修炼、行诸法术、传道讲授之用，由此足见其教团组织已具规模。

在丹道理论构建方面，南宗一派奉张伯端《悟真篇》为祖经，并以之为该宗内丹修炼的理论基础。《悟真篇》以诗词形式系统总结宋以前内炼法诀，高扬"三教合一"思想以儒养仁，以佛培性，将道禅结合，倡导先命后性独树一家之学。张伯端主张修炼当从传统命功入手，修命就是炼精化之功，即对人体已亏损的精、气、神进行修复，待精满、气足、神全之后，才进入正式炼丹阶段。白玉蟾继承张伯端丹法思想，糅合道禅之学，强调心性修炼，发扬双修思想。

在修行方式上，南宗一派主张"大隐混俗"，不提倡出家。比如，张伯端就不是出家的道士，陈楠"招邀徒弟走市廛，醉酒饱德成群伙"。夏宗禹在《悟真篇讲义》中称："有志之士若能精勤修炼，初无贵贱之别，在朝不妨为治国平天下之事，在市不失为士农工商之业。"[1]而白玉蟾也是"时又蓬头赤足以入廛市，时又青

---

[1] 《道藏》第3册，第57页。

巾野服以游宫观"[1]的云游道士。他曾指出："鱼欲异群鱼，舍水跃岸即死；虎欲异群虎，舍山入市则擒。"[2]南宗多居家道士，政治上始终未得朝廷扶持。入元以后，全真道南下，南宗在与全真道接触中，逐渐产生与之合并的要求，在陈致虚等人的推动下，在元代中后期实现了南北二宗的合并，从此金丹派南宗即成为全真道的南宗。

除金丹派南宗外，南方地区新符箓道派也不断勃兴。江南本是符箓道派形成和发展的重要基地，且受战乱、异族入侵等影响较北方为浅，因此符箓派道法传统保存较好，比如上清派、灵宝派以及正一天师道龙虎宗等在江南地区一直有较大影响。入宋以来，内丹学思潮崛兴，促成了丹法和符箓秘法的相互融合，出现了许多以符咒祈禳为主要修持手段，同时又兼容内丹修炼的新符箓派，代表性的有神霄雷法派、清微派、净明道等。

雷法派为内丹和符箓结合而成的道派，主张内炼成丹，外用成法，内可以修养治身，外可以安民济国。从历史上看，丹道和雷法本为互不相干的两类道术。丹道与古代的神仙术、气法、导引、炼丹等仙家方术一脉相承，以独善其身、长生久视为最高目标；而雷法则源出于古代对自然神——雷神的崇拜，为一种巫术和民间信仰，与符箓、咒术、祈禳、驱邪、治病、解厄、祈雨等方术紧密关联。在唐宋之际新的历史背景下，一方面，旧符箓派需要新兴的理论血液以完善自身，以适应内丹思潮兴起的社会大

---

1 2 《道藏》第33册，第140页。

环境；另一方面，内丹学也需借助符箓道法在民间社会巨大的影响力，以加强自身的传播和发展。两者一拍而合。北宋末年，宋徽宗宠任道流，大兴符箓道法，以林灵素、王文卿为代表的道教神霄雷法派正式登场，活跃于朝野，成为显赫一时的新道派。这一新道派的真正兴盛主要在南宋时期。南宋时期的萨守坚，得张继先、林灵素、王文卿雷法之传，寓于泉州，以道术名世，从游者甚众，一时道法大显。其后，神霄派代有传承，直至明清，道脉延续不绝。

清微派是宋代出现的新道派，由江南"三山符箓"[1]分化衍生而来。该派自称出于清微天玉清元始天尊，故得名清微派。清微派主要修持清微雷法，同神霄派一样，也主张将雷法和丹法相结合，而以内炼为主，以符箓为辅。清微派早期传承可能也属于单传性质，从祖舒到南毕道几代，事迹简略，传徒很少，影响力有限。至黄舜申时，清微派始显著于世。黄舜申（1224—?），名应炎，福建建宁人。他出身于闽中世家，幼颖悟，少通经史百家之学。年十六时，侍父于广西幕府，染疾，遇南毕道，以符疗之。病愈后，得南毕道授法。黄舜申将清微雷法编辑成书，传于世，并授徒百余人，曾得宋理宗召见，影响颇大。清微派入元以后有很大发展，并分南北传教，后来支派繁衍更多，清微派法脉传承至明清不绝。

---

[1] 唐末宋初，道教中的天师道和上清、灵宝派分别以龙虎山、茅山、阁皂山为活动中心，形成著名的"三山符箓"。

第三节　两宋内丹术发展与成仙思想的变革

唐代以来道教面临的内外危机加速了道教的自我更新，促成神仙思想演化变革。两宋时期内丹术的大发展是其继承唐末五代道教哲学思想变革基础上的进一步发展和成熟。内丹术的发展带来教团组织、修持方式，乃至成仙思想的大变革。

一、两宋以前内丹学的兴起与传承

前文已述，道教的修仙方术于唐宋之际发生转变，即由外丹学转向内丹学，这是成仙思想发展历程中的一次重大转变。如果说外丹是寻求不死之药于外在的自然界或借自然物进行人工提取或炼制，那么内丹则是于人的身体之中寻求不死之药，即借人体固有的"精、气、神"为修炼对象，以结成不死成仙之药物。据学者研究，内丹学的渊源可以追溯到先秦的百家诸子和仙道方术。但内丹道的真正兴起，则应溯至隋初开皇年间。隋之前，本无内丹之说，然胎息、导引、行气、存想等内养方术却是存在的，并作为炼食金丹、羽化登仙的辅助手段有相当高程度的普及。这些修炼方术只能作为金丹的辅助，不能代替金丹大道。隋代罗浮山道士苏元朗（道号青霞子），称得大茅真君密旨，撰《龙虎金液还丹通元论》及《旨道篇》，首倡内丹之道。随之而起的一批内丹家如刘知古、罗公远、张果等,各有内丹学著述,内丹学遂蓬勃兴起。

整个隋唐时期,外丹道仍占主流地位。但唐代内丹道的发展取得重大进展,大家辈现,著述迭出。代宗时,崔希范撰《入药镜》,特重精、气、神三者,"精能固物,炁能盛物。……外忘其形,内养其神,是谓登真之路"。其后钟离权、吕洞宾、施肩吾、刘海蟾等高道发明道旨,承前启后,在隋唐原初内丹道基础上转进一层,使内丹学说更具成熟的形态。入宋后,陈抟、张伯端将其发挥至极致,内丹道遂一变而为道教丹鼎派教义之核心,修内丹者方为道教之主流,而金石符咒、黄白烧炼方不足论矣。

入宋以前,在内丹发展史上,"钟吕传道"是划时代的重大转折。钟离权、吕洞宾是唐末五代时期出现的内丹大师,是以后内丹道各家各派所共同承认的内丹学祖师,在某种程度上可以说,内丹学历史若舍钟、吕,则无从谈起。各家各派由此建立起祖源相同又各自师承的体系,并形成系统的修道理论和实践方式。由于钟、吕两人在内丹学乃至整个道教史上的特殊地位,他们的事迹被后世道徒神化,他们也就成了道教史上著名的"神仙",其影响深及文学、思想领域和广大民间社会。钟吕一派的代表人物有施肩吾、崔希范、彭晓、刘海蟾等。钟吕内丹道的著作论题广泛,内容丰富,反映出内丹学理论已独成体系,其中《灵宝毕法》和吕洞宾的弟子施肩吾所编的《钟吕传道集》,十分重要且影响巨大。《灵宝毕法》把内丹修炼分为三个阶段,名之为三乘之法,皆有具体理论和方法，层层递进，比之汉唐以来的神仙之说，更加精密、纯熟、系统。施肩吾则通过《钟吕传道集》对钟吕内丹道经典进行整理与传播，对内丹术基本范畴进行了精微透彻的探讨，对内丹道的传播和完善做了重要理论贡献。

二、陈抟与《无极图》的内丹思想

陈抟（？—989），字图南，自号扶摇子，赐号希夷先生，亳州真源（今河南鹿邑）人，一说为普州崇龛（今重庆潼南）人，为五代宋初著名道教学者，是道教内丹史上的一位关键人物。他年少时，好读经史百家之书，一见成诵，悉无遗忘，颇有诗名。五代后唐长兴（930—933）中，举进士不第，遂不求仕进，娱情于山水。自称曾遇孙君仿、獐皮处士二人，谓武当山九室岩可以隐居。因入武当山，积二十余年，专习胎息服气、辟谷导引内养静功。后晋天福年间（937—944），入蜀游邛州天庆观，随何昌一学睡功"锁鼻术"，能闭息飞精，后以善睡著称于世，"每寝处，多百余日不起"[1]。后又入关中华山隐居，所习益精，终成高道。

就陈抟内丹思想而言，相传陈抟得钟离权、吕洞宾丹法，著《无极图》《指玄篇》等，言导养及还丹之事。《无极图》之名取于《老子》"复归于无极"之语，揭示在修炼过程中逆施造化，乃至

---

1 《宋史》，第13420页。

长生不死。全图共分五圈,自下逆行而上,开始于"得窍",了结于"脱胎",完整地阐述了内丹修炼的全部过程,即得窍、炼己、和合、得药、脱胎还虚的五个阶段。这五个阶段同时又契合着"性命双修"的内炼思想。陈抟把禅宗和道教传统相结合,提出了"性命双修"的内炼理论,其核心由两部分组成:一是修命,二是修性。所谓"命",指人体生命活动的原动力,即精、气。修命即固精养气,这是道教独擅之术;所谓"性",指心性,或曰"神",修性即是修心,这与佛教禅宗所说的"明心见性"大略相同。性命双修从修命开始。

修命的第一层就是得窍,而得窍要先能识得"玄牝之门"。内丹家认为"玄牝之门"位于人身体的两肾空隙之处,这里是人身元气所藏之地,是一切内丹修炼的根基。在此通过适当的功法,使修炼者能够控制元气从伏藏之地开始运化,打开内修之门,故又称为"得窍"。

第二层是炼己,即炼精化气、炼气化神。炼己是在得窍基础上,炼有形之精,为无形微茫之气;炼依稀呼吸之气,化为出入有无之神,使之贯穿通达于五脏六腑。

接着逆而上之,进入第三层和合,即"五气朝元"阶段。此阶段调动元神,使之贯彻五脏六腑,内炼五脏。五脏分别与五行相配,即水为肾脏、火为心脏、木为肝脏、金为肺脏、土为脾脏。内炼五脏,使得五脏之气攒簇为一,称为五气朝元,五气调和,故又称为和合。

然后进入第四层取坎填离,即得药阶段。坎卦中爻为阳,为实;离卦中爻为阴爻,为虚。它们分别代表内丹中的肾水与心火。取坎填离,在卦象言,就是将坎卦中的阳爻抽出填入,成乾卦。意味着心肾相交,水火交媾,从而生药,故名"得药",或结"圣胎",人也由此变为纯阳之体。

至此,经过得窍、炼己、和合、得药四个阶段,精、气、神三宝合炼的结果,只余元神,由有为过渡到无为,由命功转入纯粹的性功,进入内丹修炼的最后一个阶段,即脱胎还虚阶段。炼神还虚,复归无极,这是无极图的最高境界。至此,功满道成,整个炼丹过程便告完成,脱出炼成的圣胎,成为仙人,故为脱胎成仙。

陈抟《无极图》系统地阐述了内丹修炼的全过程,其对生命起源的探究和长生不老之法术的追寻,大大充实了内丹道之内容与境界,也使内丹道的炼养理论更具哲理色彩。

三、张伯端与《悟真篇》思想

陈抟之后,阐扬内丹道最为有力的高道是张伯端。张伯端,字平叔,号紫阳真人,北宋天台(今属浙江)人。他历北宋太宗、真宗、仁宗、英宗、神宗五世,年事颇高,自幼博览三教经书,并广涉医卜卦爻、天文地理、吉凶死生之术,学识渊博,早年曾肆力科举,但久试不第,遂委身于台州府中做了四十余年的刀笔小吏。科业不顺、久沉下僚的生活际遇以及误怨婢女偷鱼而致其自杀的痛悔,终于击垮了理性的堤防,冲动之下,他将所作的府中文书焚毁,因触犯律法而遭遣戍岭南,自此开启富有戏剧性的后半生。他晚年遇异人,获证大道,其传世著作以《悟真篇》为代表。

《悟真篇》成书于宋神宗熙宁八年(1075),该书以诗、词、曲等体裁阐述内丹理论,集中反映张伯端的内丹思想。此著与《周易参同契》齐名,被认为是继《周易参同契》之后影响最大、水平最高的内丹著述。张伯端内丹思想渊源于钟吕内丹道而又另具特色,是钟吕内丹道在新时代的发展与创新。他主张以内丹为修仙途径,阐扬以道教内丹为中心的"三教一理"思想,援儒引佛,以性命双修为内炼旨要。

张伯端认为修仙须以内丹为根本,内丹是修仙唯一途径,将外丹黄白视为旁门左道。他指出"万卷仙经话总同,金丹只此是根宗"[1]。张伯端从天人合一的思维角度出发,以人身为鼎炉,认为内丹药物人人本有,明确反对身外求法,反对外丹烧炼和服食。"要得谷神长不死,须凭玄牝立根基"[2],"人人本有长生药,自是迷途枉摆抛……丹熟自然金满屋,何须寻草学烧茅"[3],"休炼三黄及四神,若寻众药便非真"[4]。这里提到的"三黄"是指雄黄、雌黄、硫黄,"四神"是指银、铅、汞、砂,都是外丹药物。另外,张伯端在序中将道教方术分为两类,称行气、导引、辟谷、

---

1 2 3 4 《道藏》第2册,第990页、第1002页、第981页、第982页。

房中等传统方术为"易遇而难成"者,即容易学成而难以成仙;唯有炼金丹(此实指内丹),是"遇难而易成",即难以炼成,而一旦炼成即可成仙。在张伯端看来,行气、导引、辟谷等传统道教方术不过是小术小技,只有金丹才是大道。"劳形按引皆非道,服气餐霞总是狂。"[1]"草木金银皆滓质,云霞日月属朦胧,更饶吐纳并存想,总与金丹事不同。"[2]

在内丹修炼方法上,张伯端强调寻真药、辨鼎器、明火候。所谓真药非外丹所用之"三黄""四神"及草木药之类,而是"真种子",即人的精、气、神。它们又被称为"上药三品"或"三宝"。三宝须经四步才能炼成金丹。第一步是筑基,重在培补精、气、神三宝,以使人精满、气足、神旺。第二步是炼精化气,使精、气结合而化成真气,称为真铅或坎。第三步是炼气化神,即将气与神称为汞或离合而炼成金丹。第四步是炼神返虚,即通过修性,达到虚寂无为,与天地合一、宇宙同体的境界。前三步称命功,第四步称性功。张伯端内丹修炼步骤与陈抟《无极图》所示相同者甚多,显然与陈抟内丹理论有一定的渊源关系。我们知道,丹家的外丹烧炼需有炉鼎,而内丹修炼借用了外丹术语,也有自己的炉鼎。内丹的炉鼎何指?炉鼎即鼎器,是根据练功的要求,乾坤与鼎炉相配合,以乾为首称鼎,以坤为腹称炉。乾坤、鼎炉都是丹田的代名词。《悟真篇》七言绝句云:"先把乾坤为鼎器,次搏乌兔药来烹。既驱二物归黄道,争得金丹不解生。"乾为

---

1 2 《道藏》第 2 册,第 983 页、第 989 页。

天,在人为首,指泥丸宫,即上丹田;坤为地,在人为腹,指气海,即下丹田。乌指心神,兔指肾精。烹药即以意运气入下丹田,上水下火,两相交炼以成金丹。鼎必有药,炉必有火,而火候本指外丹烧炼中对炉火温度、时间等因素的调控掌握。内丹修炼中也借用"火候"说法。在张伯端看来,如果不了解火候,内丹修炼必误入迷途。内丹修炼中的火候是指什么呢?火候指运气过程中把控意念的强弱、缓急,以此来控制呼吸。意念浓重、气息急促者为武火,意念轻淡、气息微缓者为文火。前者用在冲关,后者用在温养。《悟真篇》还揭示了武火与文火运用可以月体盈亏的规律。

在丹法次序上,张伯端主张"先命后性"。他顺应了时代潮流,以"教虽分三,道乃归一"的态度对待三教,赞同三教合一之说,并基于自身的实践经验,为后人指示了性命兼修、先命后性、先有为后无为的修行之路。张伯端认为,金丹为修仙至道,但修道的次序应是先"命"而后"性",修命即在于养形固命、求长生;"性"即"本源真觉之性",亦即"本心",修性即在于了彻心性,以归空寂本源。张伯端站在道教的立场上,指出金丹修炼的重点是修命,但修命之功已成,若不进而修性,则不能"回超三界",归于空寂之本源。张伯端的性命观,反映出他援禅入道、仙佛合参的思想倾向。

四、仙道思想的转变

内丹学作为完整的理论体系，是自唐宋钟吕系金丹派崛起之后才逐渐兴起的，发展至两宋时期，内丹学已构建起成熟、坚实的理论体系。由此，内丹学大盛，并取代外丹，成为新阶段修仙思想和修仙手段的主流，这一过程见证着仙道思想的重大转变。

第一，"道不外求"——仙道思想的逻辑演变。简而言之，外丹术实则是一种外求之道，即借自然界中的丹砂、铅、汞等矿物药石为原料，在炉鼎中烧炼，最后得到服之而不死的仙丹。外丹术的思想逻辑基础是这些烧炼的金丹，具备"金性不朽"的特点，修仙之人通过金丹烧炼和服食，将金丹不朽的特性转接自身，实现"假求于外物以自坚固"的效果，从而获得长生；而内丹学则是一种内求之道，以身体为炉灶，以人体的精、气、神为药物，通过炼精化气、炼气化神、炼神还虚等证道阶梯，最终在体内结成金丹，丹成则人可以成仙。仙道思想从最初神仙家希图寻求自然界中天然的"仙药"开始，到外丹家发挥创造性和主观能动性，直接从事炼丹实践，使得仙道思想中人类对自我命运的控制愿望和把握能力进一步提升；而内丹学的兴起和成熟，又推动仙道思想更上一层楼，使得修仙术彻底摆脱假借外物的阶段，而其从生命发生和道的演化角度构建起"返本还源"的逆向修仙的逻辑体系，深契道家"归根复命"和"反者，道之动"的哲学原理，大大提升了仙道思想本身的理论水平；另外，其内蕴的三教融合的思想倾向使得仙道思想理论进一步精致化、系统化。

第二，内丹学的崛起彻底打破此前成仙方法上"外丹至尊"的格局，为仙道思想的发展注入了新鲜的理论血液，并为应对神仙信仰面临的危机指明了新方向。道教的根本宗旨就是得道成仙，然自先秦以来，仙道思想中关于修仙的方法及理论多种多样，包括存思、冥想、导引、辟谷、房中术等；东汉魏伯阳著《周易参同契》，在易学的基础上对两汉以来的各类修仙方术进行总结和批判，并提出只有服食金丹、内养精气一同进行，才能达到"变形成仙"、长生久视，由此奠定了道教丹鼎派的早期理论基础。至魏晋时期，著名道教学者葛洪总结以往各类成仙道术，构建起神仙道教的系统理论体系，大力提倡以金丹之道为最高仙道，丹道理论进一步发展，促使以求长生成仙的外丹术很快发展起来。后陶弘景著《本草经集注》，积累了不少外丹原料和丹药的名称、产地、性状、功用、炮制、保藏等资料。至唐代时，外丹术达到鼎盛，并形成外丹至尊的格局。在外丹至尊的形势下，外丹烧炼和服食的宗教实践活动如火如荼地开展起来。然数百年的外丹实践的实际效果却难尽如人意，丹毒误人事件的频发动摇了外丹理论的基础，并引发社会上神仙信仰的危机。在这种情势下，内丹学乘势而起，打破外丹至尊的格局，扭转仙道思想的思维模式和发展路向，并有效应对了外丹引发的神仙信仰危机。

另外，内丹学的兴起，也使旧的符箓道派逐渐解脱了原始巫术的束缚，以内炼成丹、外用成法为指导思想，加强修炼本性元神的功夫。前文所述的雷法诸派实际上是以天人感应为理论基础，最大限度地开发人体生命潜能，以实现道教的法术。

第三，内丹学思想深契三教合一之旨，故内丹的兴盛推动仙道思想向着融合儒、释的方向迈进。在众多的仙道方术和理论中，生命力最长久、最具影响力的显然是内丹学，而这种久长的生命力之源显然有儒学、佛学的贡献。在仙道思想的发展史上，道与儒、道与佛曾有过长期的争论与斗争，但在共存中又相互影响，彼此融合。儒、道都是本土文化，佛教原本为外来文化，历史上发生的多次灭佛或毁道事件，是佛道相争的极端化表现。但道教对佛教的思想的吸收早已开始，佛家的因果业报、五道轮回、天堂地狱等观念已渗透到仙道思想中。

六朝时期，就有人从"导民向善"的社会教化角度，倡导三教合一；隋唐时期，三教融合全面展开，尤以道教吸收佛教思想为特色，诸多道教学者都认同三教同源一理；到了北宋，内丹学大兴，内丹诸家乃至符箓道派（比如净明道）皆援引儒、佛思想入内丹道，高唱三教合一。他们主张儒、道、佛皆性命之学，儒家的"五伦"等道德修养是修仙的必要前提，仙道、佛道都是为了复真性。张伯端就指出，道、佛以性命学教人以逃生死。佛教以空为宗，如果顿悟圆通则能直超彼岸，如有习陋未除尽，则仍坠入生死轮回；道教以炼养为真，如果能得其要枢，发明本性，则能即身成仙；而儒学虽言穷理尽性，然重在序正人伦、施仁义礼乐之教，故微言性命。[1] 可见，教虽三分，实则皆讲性命之道。南宗五祖白玉蟾也力倡三教合一，他深谙三教之妙，具体分析了孔氏、释氏、老氏的思想内容和特点，以"诚"说孔、以"定"说释、以"静"说老，指出三教异门而同源，三者间的关系是平等的，并批判了分三者高下的观点。

第四，仙道思想中入世情怀进一步提升。唐末五代以来，仙话中的神仙人物已开始扮演入世与救世者角色。至宋代，仙道思想中的入世情怀进一步提升，不仅仙话中的神仙人物如此，现实中的修仙成道者也是如此。比如，陈抟就很关心世事，尝揽镜自照曰："非仙而即帝。"[2] 他于寻仙觅真之际，寻求治国拨乱之道。宋太宗时，陈抟两次应召入朝，入宫与太宗交谈。有一次，太宗让宰相宋琪询问神仙方术，陈抟不但直言自己无方术可传，还指出白日升仙于世事无补，最好的修炼就是君臣同心同德，治理天下。又一次，宋太宗向陈抟求问济世安民之术，陈抟索取纸笔书写"远近轻重"四字，帝不解其意。陈解释说："远者远召贤士，近者近去佞臣，轻者轻赋万民，重者重赏三军。"太宗听罢大悦。陈抟临出京时，太宗在便殿赐宴，诏宰臣赴宴赋诗，以宠其行。"由是海内无贤不肖，闻其风而慕之，其愿操几杖以师事之者，不可胜数。"[3] 而张伯端则直接提出"须知大隐居廛市，何必深山守静孤"。传统的修道者倡导寻一名山福地，潜心清修。而

---

1 《道藏》第 2 册，第 973 页。
2 3 《道藏》第 5 册，第 735 页、第 738 页。

在张伯端看来，修道场所无所谓深山林下，廛市闹所、庙堂之上也何妨修道？而廛市修道，自然与世俗接触较多，且便于济世度人。其后继者——金丹南宗四祖陈楠更将入世济世思想发扬光大，他一改南宗过去注重自我修持、追求个体生命的永存与圆满的仙道传统，主张济世利民，并积极落实到实践中。据称，他丹道既成后，又回到故里，以箍桶为业，混迹民间，和光同尘，后再得高道指点，道业大成，仍以济世教化利人为旨，常捻土为人治病，人称之为"陈泥丸"。

综上所论，两宋时期，仙道思想的发展演变的最大动力来自内丹学的兴起。内丹取代外丹，成为新阶段修仙思想的主流。在一大批内丹学者的努力下，内丹学不仅在两宋时期完成了理论上的系统构建与成熟化，而且为后世仙道思想的发展奠定了坚实的基础。

第六章
元代的道派合流与神仙思想

十三世纪，蒙古势力迅速崛起，相继灭金取宋，建立强盛一时的元朝。在蒙古统治者和元廷的承认和支持下，中国本土的道教自然薪火相传，接续延绵。从蒙古帝国的草创，到元王朝的建立，乃至整个元朝统治的近百年间，道教及其神仙思想始终参与到政治与社会生活的各方面。这一时期，道教内部的新旧道派相互交流融合，呈现出归宗合流的趋势，神仙思想也展现出新的发展面貌。

第一节 邱处机与全真教的神仙思想

一、邱处机及其西行赴诏

邱处机（1148—1227），字通密，号长春子，世称"长春真人""丘神仙"，金朝登州栖霞人。他出身于当地显族，十九岁时，出家于宁海昆嵛山（今山东牟平东南），师事王重阳。师卒后，他入磻溪穴居修炼，史籍记载此时的邱处机"鹑衣草履，日丐一食"[1]，生活极为清苦，前后历时六年。这期间，他潜心于道学研究，并广交当地文人学士；大定二十年（1180），他移居至更为偏僻的陇州龙门山（今陕西宝鸡），在此潜修七年，声望大著，成为全真教龙门派祖师，后又至河朔一带布道传教。金明昌元年（1190），金章宗实行抑佛道的宗教政策，严重影响了邱处机在陕西的传道活动，加之山东道众的多次邀请，邱处机于明昌二年（1191）东归栖霞。金泰和三年（1203），刘处玄逝世，邱处机成为全真道第五任掌教，前后长达二十四年。贞祐二年（1214）秋，山东大乱，杨安儿等发动起义，金山东路统军安抚使仆散安贞请邱处机协助。邱处机凭借其声望，招抚了部分义军，登州、莱州很快恢复平静。邱处机招安两州获得成功，显示了他和全真教在民众中具有相当高的号召力。

邱处机生活在南宋、金与蒙古三方角逐的政治乱世，各方均欲对影响日隆的全真教加以笼络，贞祐四年（1216），邱处机时居登州，金宣宗遣使召请；兴定三年（1219），邱处机居莱州（今山东莱州）昊天观，南宋宁宗遣使相召。但邱处机审时度势，均没有应诏。同年冬月，成吉思汗派近臣刘仲禄持诏书往迎，邱处机决定应诏西行。元太祖十五至十八年（1220—1223）间，邱处机以七旬高龄率弟子尹志平、李志常等十八人从莱州出发，行

---

[1] （金）丘处机著，赵卫东辑校：《丘处机集》，齐鲁书社2005年版，第462页。

程万里，历时二年多，远赴西域雪原谒见元太祖。

成吉思汗的延请与邱处机的赴诏，各自动机如何？从成吉思汗方面来看，他召见邱处机的初衷是对他的长生之术感兴趣。这从成吉思汗见到邱处机后，所问的第一件事就能看出："远来有何长生之药以资朕乎？"邱处机对成吉思汗做了诚实回答："有卫生之道而无长生之药。"[1]并向他进言以清心寡欲之道。邱处机以其坦诚之态度得到了成吉思汗的尊重。成吉思汗优待邱处机，设二帐于御幄之东使其居住，以示优遇，并赐以虎符、玺书。成吉思汗对邱处机的万里赴诏表达到了嘉许："今远逾万里而来，朕甚嘉焉。"[2]

成吉思汗延请邱处机还有着更为深远的政治意图。当时的成吉思汗正领兵西征，虽戎马倥偬，但仍对诏请邱处机之事表现出特殊的重视。他派遣近侍刘仲禄备轻骑素车、携带手诏诏请，并挂上虎头金牌，上面写着"如朕亲行，便宜行事"，使他沿途享有方便行事的各种特权。手诏中还明言："岂不闻渭水同车，茅庐三顾之事？奈何山川悬阔，有失躬迎之礼……选差近侍官刘仲禄，备轻骑素车，不远千里，谨邀先生暂屈仙步，不以沙漠悠远为念，或以忧民当世之务，或以恤朕保身之术，朕亲侍仙座，钦惟先生将咳唾之余，但授一言斯可矣。"这段诏文充分地表露出成吉思汗求贤辅治的意图，明白地提出要向邱处机求取治国安民之道。

---

1 2 （元）李志常著，党宝海译注：《长春真人西游记》，河北人民出版社2001年版，第70页。

从邱处机方面来看,作为乱世时代下的玄门道长,他具备敏锐的政治洞察力,他清楚地看到蒙古的强势崛起和金、宋的日趋衰落。在三方竞逐的态势下,邱处机从考虑全真教现实命运和立足于自己宗教主张的角度出发,最终选择了蒙古。邱处机在赴诏前,对蒙古以及成吉思汗的了解十分有限,其万里赴诏和觐见成吉思汗本人,最初有不得已的无奈[1],但这一过程恰恰使得他对蒙古的认识发生了由被动向主动的转变;成吉思汗及蒙古贵族给予他的礼遇和崇敬,让他真切地感受到全真教发展的巨大契机。他在《中秋以诗赠三太子医官郑公》中写下了"我之帝所临河上,欲罢干戈致太平"的诗句,抒发了自己宣教济世的豪情和宏愿。

邱处机的万里西行意义重大,这不仅是他自己成为享誉道坛、载之史册的著名道士的转折点,更是全真教获得大发展的转折点。邱处机的万里西行,也为全真教信仰获得蒙古统治者的认同和支持打开了通道。成吉思汗不仅尊重邱处机,赐号"神仙""大宗师",并命他掌管天下道教;同时还下诏免除道院、道士一切赋税差役,全真道盛极一时,寺庙改为道观、佛教徒更道教徒者不计其数。在某种程度上说,邱处机的西行之路正是全真教走向鼎盛的"开基之路"。

---

1 赵文坦:《成吉思汗与邱处机关系辨析》,《东岳论丛》2009年第10期。

二、全真教的神仙观

全真教是金元时期北方最大的道教教派，其创立之初，就形成了特色鲜明的教派理论，并以异行苦节的方式立教、宣教，逐渐为人们所关注。与唐宋及以前的诸道派相比，全真教对神仙信仰有着自己特殊的宗教解读。

全真教作为道教的一大教派，其宗教理论也是围绕着修道成仙的核心展开的。与其他教派一样，全真教追求得道成仙，但其成仙思想却体现出"贵神贱形"的特点，强调心性修炼的价值，对生命以及成仙的理解与前代道教相比有了质的变化。旧道派从道为元气的哲学立场出发，在宗教实践上往往注重养气炼形，追求肉体长生，即所谓"白日飞升"。神仙道教盛行以来，提倡假外物以自固，希望通过金丹的金性不灭来达到人的肉体不灭等。全真道则不然，它在成仙信仰上，不再追求"肉体不死"，而追求"真性"解脱和"阳神"升天，对人的肉体、人生的世俗追求进行了全面破斥。如全真教创教祖师王重阳就说过，人的修行虽借用了肉体之身，但修道之本却不是为了修身，肉体终究会毁坏，修道根本在于修炼"真灵一性"。他批评肉体长生的追求者，指出："离凡世者，非身离也，言心地也。……今之人欲永不死而离凡世者，大愚，不达道理也。"[1] 邱处机则承其师教，大力宣扬人身的

1　白如祥辑校：《王重阳集》，齐鲁书社2005年版，第279页。

幻灭与虚妄,他留下了著名的《无漏子·假躯》一词,词中这样写道:

> 一团脓,三寸气,使作还同傀儡。夸体段,骋风流,人人不肯休!
> 白玉肌,红粉脸,尽是浮华妆点。皮肉烂,血津干,荒郊你试看![1]

本来鲜活美好的生命经其开剥,红颜变为枯骨,一下子阴森恐怖起来。在全真教看来,人身不过是"四大"(地、火、水、风)的假合,最终不免消亡。他们用荒郊枯骨来警示生命无常、肉体假空。既然人身假空,人又何必去强求肉体的不灭。

不仅肉体如此,当世荣华、富贵功名,乃至人生享乐同样如此,虚幻而易逝,不值得留念。邱处机在《满庭芳·警世》一词中写道:

> 百尺危楼,千间峻宇,艳歌出入从容。幻身无赖,何异烛当风。旧日掀天富贵,当时耀,绝代英雄。百年后,都归甚处?一旦尽成空![2]

全真教在破斥肉体和世俗追求的虚幻不实之后,建构起新的

---

1 2 《丘处机集》,第90页、第70页。

"全真而仙"神仙思想体系。早期全真教认为,修仙之事实际上就是修性、修命之事,如王重阳将修仙之道与性命之事并举,实则强调性命双修。何为"性",何为"命"?先秦以来的儒家、道家以及后来的佛教均做了不同的理解。道教内丹学兴起后,"性"与"命"已被赋予了生命本体的内涵。全真教对性命做了如此解释:"性者神也,命者气也。"[1]"性"侧重于精神生命,包括心、神、意识等精神范畴,故而修性就是重视心性的修炼,倡导以德正心,进行道德修养和精神修炼,这是全真教与传统道教相比而彰显的一个理论特点和理论革新;"命"侧重于生命的物质基础,包括气、精、形等范畴,修命实则是养气炼形,体现全真道对传统仙道修持方术的继承。性命双修,气神相结,才称得上神仙。

在修性与修命两者的关系认识上,早期全真教提出修持次序的先后,即"先性后命",性功在先,命功在后[2];同时两者还存在主从关系,"主者是性,宾者是命"[3],"三分命工,七分性学"[4],即以性功为主,命功为从。虽有次序、主从上的差别,但全真教并不否定命功的重要性,命功不可或缺。全真七子之一的刘处玄《阴符经注》曰:"命得性而久,性得命而寿。"[5] 只有性命相合才能实现长生久视。

---

1 3 《王重阳集》,第278页、第295页。
2 全真教南北二宗在修性、修命的次序认识上有所差异:北宗提出"先性后命",性功在先,命功在后;而南宗则主张"先命后性"。
4 《丘处机集》,第150页。
5 《道藏》第2册,第818页。

在全真教的仙道思想中,"性"与"心"有密切的关联,心与性常常连称,在其性命双修的理论框架下,心性的内蕴也得到新的拓展。心是内丹修炼的现实主体,性是修炼过程中显现的真实本体[1]。心包含多个侧面,有尘心、贪心、嗔心、邪心,也有本心、真心,而修心的目的就是要炼尽纷呈之尘心,以显出本心、真心。本心、真心实则是宇宙本体之道的内在我心,是心的真正本体。所以王重阳说:"心本是道,道即是心,心外无道,道外无心也。"[2]那么"心""性"到底有何联系?王重阳用道教的焚香活动打了很形象的比喻,其词《踏莎行·咏烧香》云:"身是香炉,心同香子,香烟一性分明是。"[3]心是香,性是烟,而人的身体则是心性的载体,也是插香的香炉。因此,我们可以看出,全真教是把心性合二为一的,真性也在本心之中,只不过真性是本心显现的一种本真状态。修性落在现实层面,就是修心,绝除尘心妄念,真性自显。真性就是内丹家的"金丹",是成仙之本体。王重阳说:"本来真性唤金丹,四假为炉炼作团。不染不思除妄想,自然衮出入仙坛。"[4]这样一来,真性和金丹就统一起来,修炼金丹就是修炼真性,明心见性与得道成仙就成了一回事。

在全真教的成仙之路上,明心见性、性命双修是内丹修炼的"真功",除此而外,还需"真行"。只有功行双全,才能真正成仙

---

1 张广保:《金元全真道内丹心性学》,生活·读书·新知三联书店1995年版,第81页。
2 3 4 《王重阳集》,第297页、第117页、第30页。

证真。恰如王重阳所说:"功成兼行满,真性入仙坛。"[1] 只有"真功",但无"真行",也难成仙果。所谓"真行",简单说来,就是修道者须广行善事、济世度人、救人于困厄等。如果把真功比作内日用,那么真行就是外日用。"真行"是全真教教徒宗教实践的重要内容,其通过道德实践,将全真教教徒个人与社会紧密地联系在一起,反映出全真教成仙思想的入世色彩。

全真教的神仙思想革新了传统道教的生命观,生命的本真是真性的自觉而非肉体的不灭,故其成仙理想不再是肉体不朽的追求,而在于对自我生命的精神超越;神仙的体验不再是金性不灭的长生久视,而是强调与大道相契的清风朗月般的精神自得。全真教神仙思想中的心性理论及其对真性的阐释,显然受到了佛教禅宗的影响,而成仙证真的"真行"之路,又显然与儒家的社会伦理和入世精神相契合,全真教神仙教义和思想鲜明地体现出三教合一的理论特点。

第二节 玄教的崛兴与符箓派改革

道教中历来有丹鼎派与符箓派之分。上文述及的全真道即属于丹鼎派,丹鼎派主要由古代神仙家演化而来,多以炼丹求长生成仙为事;符箓派则主要由古代巫教演化而来,多以画符念咒、驱鬼降妖、祈福禳灾为事。两者在发展过程中互有影响。由于元

---

[1]《王重阳集》,第183页。

代统治者重视并崇奉道教，无论是丹鼎派，还是符箓派，都呈现出兴盛的势头。

宋元以来，内丹思潮大兴，三教融合大势所趋，适逢其时的符箓派也不免受其影响。分别以龙虎山、茅山、阁皂山为本山的正一、上清、灵宝三大派为旧符箓派的代表，三派鼎立，被称作"三山符箓"，他们主要在江南地区传播发展。由于元朝政府的承认和支持，这些旧道派均获得了合法地位，在新形势下，他们顺应历史潮流，融合内丹思潮，兼取儒、佛思想，改革自身的教义教法，使得其仙道思想发生了新变化，并衍生出新的符箓派。

一、"七分神仙、三分宰辅"：张留孙与玄教的极盛

元在灭南宋之前，其宗教政策以争取和利用北方各道派为主，尤以争取利用全真道最为突出。但在灭南宋完成大一统以后，出于巩固统治的需要，元朝统治者将重点转向争取在南方地区的各道派。因龙虎山天师道是江南最有势力的道派，故天师道最受重视，成为他们积极争取的对象。玄教是天师道在元代发展衍生出的一个支派，因其大受元朝统治者的关注，故盛极一时，成为元代天师道的核心。

玄教的创派宗师为元初龙虎山道士张留孙。张留孙，字汉师，信州贵溪（今江西贵溪）人，系东汉天师正一道创始人张陵第三十八代后裔。张留孙自幼从伯父张闻诗学道于龙虎山上清宫，

继而师从李宗老，受正一符箓，曾游学江淮间。张留孙修髯广颐，状貌甚伟，曾有相者观其面相后，赞其"异哉贵人，七分神仙，三分宰辅也"[1]。至元十三年（1276），世祖忽必烈已平定江南，于是召第三十六代天师张宗演赴大都入觐，张留孙也在随行赴诏的队伍中。张留孙不凡的气度相貌引起元世祖的关注，元世祖与之语对，张留孙颇为称旨。第二年，张宗演返回龙虎山时，张留孙留侍阙下。留在京师的张留孙，因以祈祷术屡有验，日益为元世祖所信任。至元十四年（1277），又因其治好皇后的病，帝后大悦，乃号之上卿，命铸尚方宝剑以赐，并建崇真宫于两京（即元大都和元上都），供张留孙居住。至元十五年（1278）时，元廷赐其号曰"玄教宗师"，标志着玄教作为一支道派的诞生。至元十六年（1279），诏谕他悉主江北淮东、淮西、荆襄等处道教，并佩银印，从而使玄教的势力（同样意味着天师道的势力）发展到华北和华中广大地区。忽必烈还常令张留孙从驾或奉使各地代祀山岳河渎、召纳人才，可谓亲宠日隆。

忽必烈死后，张留孙经历成宗、武宗、仁宗、英宗四朝，依然备受宠遇。据虞集《张宗师墓志铭》和袁桷《玄教大宗师张公家传》，张留孙的名号、地位在元世祖之后仍不断上升。成宗时，加号玄教大宗师、同知集贤院道教事，又特赐上卿，追封其三代皆为魏国公。武宗即位，又升大真人、知集贤院事。至大二年（1309），领集贤院，位大学士上，又再加特进。仁宗皇庆元

---

[1] 齐心主编：《北京元代史迹图志》，北京燕山出版社2009年版，第177页。

年（1312），赐号"辅成赞化"；皇庆二年（1313），仁宗命将作臣制玉，刻文曰"玄教大宗师"；延祐二年（1315），制授开府仪同三司，号加"保运"。至此，张留孙头衔为：开府仪同三司、特进上卿、辅成赞化保运玄教大宗师、志道弘教冲玄仁靖大真人、知集贤院事、领诸路道教事。在这长达四十余字的头衔中，既有勋号，又有实际职掌，表明其政治地位之高、道教权力之大，在当时道教诸派首领中是独一无二的。[1]另外，据虞集《张宗师墓志铭》，延祐四年（1317），张留孙七十岁，仁宗下旨为其祝寿，"上使国工画公像，诏翰林学士承旨赵公孟頫书赞进入，上亲临视，识以皇帝之宝，以赐公生日。是日，赐宴崇真宫，内外有司，各以其职供具，宰相百官咸与焉"[2]。这样的恩宠礼遇可谓无以复加。

英宗至治元年（1321）十二月，张留孙卒于大都，享年七十四岁。纵观这位玄教宗师亦道亦宦的大半生，元朝最高统治者始终对其宠信、支持，故其所统领的玄教自然发展极盛。张留孙任玄教宗师后，广收门徒，据载共有弟子75人。[3]在这些弟子中，除吴全节被敕封为玄教嗣师外，以真人佩银印者3人，以真人制书命者3人，以玺书命者9人，其他有名弟子38人。[4]这54人是该道派最重要的骨干。他们或被委以京师道职，或被派至江南各

---

[1] 卿希泰：《中国道教史》第3册，四川人民出版社1996年版，第288页。
[2] （元）虞集著，王颋点校：《虞集全集》，天津古籍出版社2007年版，第976页。
[3][4] 《道家金石略》，第913页、第925页。

地管理教务，又分别收徒若干，从而在短时间内即形成了一个以玄教大宗师为核心的庞大教团。

玄教是在元王室扶持下发展兴盛起来的，玄教的兴衰同步于元王室之始终。玄教从创立起到元末，先后更替了五任掌教，分别是张留孙、吴全节、夏文泳、张德隆和于有兴，他们的掌教历程见证着玄教的兴衰。玄教的立教、传教与一般教派的做法不同，有自己的特色。通常一个教派的产生发展往往是自下而上的方式，他们先在民间立教、传教，发展到一定程度后，再争取上层统治者的承认和支持；而玄教则相反，它走了一条自上而下的路线，先因得最高统治者青睐和支持而创教，然后发展骨干徒众，再下派到各地发展民间信众和组织。另外，从宗教组织上看，玄教源于天师道龙虎宗，在一定程度上，可以把玄教掌教视为天师道龙虎宗在京师的代言人；但另一方面，玄教又具有较大的自主性，因象征其教权的"玺书"、大宗师印和剑皆为皇帝所赐，其掌教的地位实际上还高于天师。玄教掌教所居的崇真万寿宫实为玄教最高指挥机构，下设各级道职，并依据元朝的行政建制在省、路、州、县等各设有相应地方教派组织，形成一个网络庞大的教派构架，并为江南诸道派最后融汇为正一道做了必要的准备。

玄教组织庞大，传播广泛，盛极一时，然终元之世，玄教在仙道理论上都缺乏建树，未能产生具有重要思想价值的道学理论著作。但在元代三教合一的大背景下，玄教发展及其思想倾向明显表现出融儒于道的特点。不少玄教道士在儒学方面都有相当高的造诣,其第二代掌教吴全节就是这方面的代表。张留孙曾在朝廷积极为他这位弟子延誉:"每与廷臣议论,及奏对上前,及于儒学之事,必曰:'臣留孙之弟子全节深知儒学,可备顾问。'是以武宗、仁宗之世,尝欲使返初服,而置诸辅弼焉。"[1] 当时大儒吴澄也对吴全节的儒学素养称赞有加,谓:"吴真人全节寄迹道家,游意儒术,明粹开豁,超出流俗。"[2] 吴全节对儒学的融摄主要表现在宗教实践上,比如他积极向帝王推荐心学宗师陆象山的《语录》,作为出家道士,又身体力行儒家的忠孝伦理等,这些都充分表明当时玄教的儒学化程度之深;其后正一道在理论上的结晶直到明代前期的张宇初才真正出现。另外,吴全节对易学研究颇深,并向南宗道士陈可复学习雷法,向东华派林灵真学道法,还向全真南宗的赵淇学内丹,使玄教在修仙思想上表现出杂采各派学说的特点。

二、仙道与人道:刘玉与元代净明道

道教内丹心性学到元代成为主流,不仅全真道和南宗以内丹修炼为主,就连其他符箓道派也以内丹为科仪斋醮、教理教义的内在根基,元代的净明道即是典型。

---

[1] 《道家金石略》,第910页。
[2] 吴澄:《吴文正集·题吴真人封赠祖父语词后》卷58,影印文渊阁四库全书(1197册),第573页。

净明道初创于南宋初年，由许逊崇拜发展而来。许逊本为东晋著名道士，久居豫章（今南昌），曾举孝廉，为旌阳令。后见晋室纷乱，弃官学道，被净明道奉为宗师。他的事迹、逸闻在唐代开始盛传，北宋时，对他的信仰被朝廷接受并倡导。宋徽宗崇道，许逊信仰也更加兴盛和隆重。宋徽宗曾封许逊为"神功妙济真君"，使其在道教神仙谱系中的地位仅次于天师道教主——张道陵。净明道属于符箓道派，传行灵宝净明符箓，以践祈祷炼度。南宋末，净明道逐渐衰微。

入元后，南昌西山道士刘玉立坛传教。刘玉（1257—1308），字颐真，号玉真子，托言唐净明法师胡超慧、晋代许逊降授至道于他，让他复兴净明大道。

刘玉解释本教命名为"净明忠孝道"的本义与缘由。在刘玉看来，"净明"就是心性修持所追求达到的境界，是净明道区别于其他道教宗派的特有教义。"何谓净？不染物；何谓明？不触物。"[1]这里的"净明"境界就是教人清心寡欲，以达到内心的一尘不染，这种阐释将宗教解脱的意义引申到对内心的关注上。

元代净明道大力宣扬忠孝伦理，但忠孝的内涵发生了明显的转换，即从伦理实践转换到了心性修养。忠，本来意味着忠君体国，可刘玉对忠的对象——君，赋予了新的解释："忠者，忠于君也。心君为万神之主宰，一念欺心，即不忠也。"[2]君变成了"心君"，忠君也就意味着不欺"心君"，导向了心性修养。关于孝，

---

1 2 《道藏》第24册，第635页。

事亲曰孝，是孝的本义，但刘玉也对孝进行了新的解读："人子事其亲，自谓能竭其力者，未也。须是一念之孝，能致父母心中印可，则天心亦印可矣。如此方可谓之孝道格天。"[1]真孝不限于孝养父母的具体行为，而重在心中孝念纯正，此也导向了心性修养。其徒黄元吉则进一步阐发其师刘玉的孝道思想，他指出，人的身体发肤受之父母，保全自身就是对父母的行孝，而保全自身的关键就在于勿使邪念、恶念伤五藏、损元气。保持心念纯正，摒除邪念、妄念，就是孝，孝道履践转变成了心性修持。刘玉将净明大教阐释为正心修身之学，而正心修身之学，就是教世人"整理心地"，只要能做到不欺昧其心，行必忠孝。简单地说，整理心地是本，力行忠孝是迹，本能生迹，迹出于本。所以净明大道的忠孝教理最终归结于心性修持，可见，其教理思想明显受到了内丹思潮的影响。

　　净明道作为道教的一个道派，其教理教义自然离不开"学道以致仙"的终极追求。净明道宣扬的忠孝为本如何与致仙、成仙的宗教追求构建关联呢？净明道从多重角度对此进行了阐释。净明道以忠孝为立教之本、修道之基，指出忠孝是修道成仙的必备条件，《太上灵宝首入净明四规明鉴经》中说："学道以致仙，仙非难也，忠孝者先之。不忠不孝而求乎道、而冀乎仙，未之有也。"[2]同时，此经还将"忠孝"与道教的核心教义"道"关联起来，认为"忠孝"是"道"的核心内容，把它抬升到"道"之根

---

1 2 《道藏》第24册，第635页、第614页。

本的高度。此经还讲"道者，性所有，固非外而铄；孝弟，道之本，固非强而为"[1]，并特别列举了比干杀身成忠和帝舜终身成孝，以说明尽忠尽孝才能成仙作圣，提出为"忠孝"而死，能死而不昧，必位于仙人之列。通过这样的阐释，净明道使忠孝为本的教理主张与成就仙道的宗教追求契合起来。

忠孝本身实则也不离心性，上文已经述及，但忠孝也需在现实中"真践实履"。他在《玉真先生语录内集》开篇就针对关于本教为何独名"净明忠孝"的疑问，指出"净明只是正心诚意，忠孝只是扶植纲常。但世儒习闻此语烂熟了，多是忽略过去，此间却务真践实履"[2]。刘玉以忠孝为本，宣扬"忠孝居百行之先"[3]，"由真忠至孝，复归本净元明之境"[4]，以宗教实践来教化徒众。刘玉对净明道的教理、教义做了多方面的发挥和发展，使之逐渐系统和成熟。自刘玉始，正式用"净明道"作为本门道派的名称，故净明道奉刘玉为开山祖师。

净明道不仅高扬忠孝精神，而且还通过济生度死的社会实践来实现修道的终极理想。应该说，净明道关于忠孝践履的主张，将忠、孝等世俗伦理道德与致仙的宗教理想相结合，体现了净明道的入世色彩。净明道指出："忠孝，大道之本也。是以君子务本，本立而道生。……有不务本而修炼者，若太匠无材，纵巧何成？"[5]人道不成，不仅无法达至仙道，而且就连做人的资格也没

---

[1][2][3][4][5] 《道藏》第24册，第614页、第635页、第639页、第637页、第633页。

有了。非忠非孝之徒，根本称不上人，更不必说去做仙了。他强调要修仙道，先修人道，人道不具，焉论神仙。这样就把世间人道实践与宗教上的仙道理想有机结合起来，既为净明道获得社会的认同和支持建立了强有力的基础，又使得净明道成为仙道与人道相结合的道派典范。

第三节　道派合流与仙道思想的交融

　　道教在元代统治者的崇奉下获得很大发展，元朝的大一统，为天师道在北方的迅速传播以及全真道在江南地区的发展扫除了政治上的障碍。与此同时，其他力量较为薄弱的各派道教则逐渐分别与天师道或全真道相融合。其中，符箓诸派多渐归于"正一"的旗下，而丹鼎派则由烧炼外丹转变为修炼内丹，内炼诸家则多渐归于"全真"的门下。符箓各派融入天师道之后统称为正一派，从而形成正一道与全真道两大派别，"正一""全真"分别作为符箓、内丹两大道教系统的代表，其对峙形势的形成恰恰是道派合流的结果，而对峙的两派之间也互相影响，各自吸收对方的教理和修道方术。

一、南北归宗：全真教南传之路

　　邱处机的西行之路，为全真教的大兴揭开序幕。在其"立观度人"的号召下，大约经过三十余年的经营，全真道的宫观、弟子遍布于河北、河南、山东、山西、陕西、甘肃等广大地区，香火隆盛。《清虚宫重显子返真碑铭》称："东尽海，南薄汉淮，西北历广漠，虽十庐之聚，必有香火一席之奉。"《怀州清真观记》也记载："今黄冠之人，十分天下之二。声焰隆盛，鼓动海岳。"以上记载虽不免有夸饰之词，但也足见全真教的发展盛况。

元朝实现了南北统一，打破了地缘政治的阻隔，为原在北方的全真道提供了南传的条件。小规模的南传活动早在金朝即已存在，全真教南传第一个重要据点以湖北武当山为中心，约在元宪宗蒙哥时期（1251—1259在位），全真道士吉志通就南来武当山传教。他是陕西邠阳人，师从乔潜道，乔潜道是马钰弟子，这样算来，就是马钰之再传。他博学多闻，"居武当山，十年不火食"[1]。比吉志通稍晚，武当山又有鲁大宥和汪真常相继成为全真道士，此后全真弟子日众，武当山遂成为全真道的重要据点。

继武当山之后，全真道继续南传至苏、浙、闽、赣等地区。全真道的南传，使原来互相隔绝但却同源于钟吕金丹派的南、北二宗（南宗与全真道）增加了接触的机会。原本组织松散、势力弱小的南宗，在大批全真道士纷纷南下的形势下，在不断接触中，对全真教的教理教义产生亲和感与认同感，从而有了归于全真的愿望。于是，许多南宗道士纷纷投入全真门下，打出全真旗

1　（明）王圻撰：《续文献通考》第23册，文海出版社1979年版，第14560页。

号,甚至以全真嫡传自居。比如李道纯,本为南宗白玉蟾再传弟子,出身于南宗嫡系,但他在自己的著作中俨然以全真道士自居。以《富春山居图》而极负盛名的元朝著名画家黄公望(1269—1354),世居江南,本为儒生,后改儒为道,投入全真门下。据陈铭珪《长春道教源流》记载:"然观罗蓬头及黄公望诸人,则宋平后,浙人多学全真者矣,特稍参以南宗耳。"[1]可见,当时浙人热衷于全真北宗,仅辅以南宗。浙人北宗、南宗兼修,既反映出全真南传的实效,也能看出南北二宗会归的趋势。

全真南传江西、福建等地,以金志扬及其徒裔的活动为代表。金志扬(1276—1336),浙江永嘉人,因其常常蓬头不髻,故世人呼之为"金蓬头"。他出家入道后,先是师事李月溪,后游学于燕赵齐楚等地;过袁州时,他拜守城校尉颠军子为师,颇有所得;继游历武夷、龙虎二山,并独居天瑞庵二十年,以道法高妙而名扬四方,为人疗病、祷雨皆有效验;元统元年(1333)回到武夷山隐居,住在白玉蟾所建的止止庵。金志扬承南宗之传,且兼北宗之学,成为全真南传的重要一系。

为了更好地使二宗合为一宗,有必要对二宗各自尊祀的祖师传系做适当调整。无论是全真教还是南宗,最初都是祖述自己的创派人,而很少延及远源。大约到了南宋中晚期和元初期,双方不约而同地都以钟、吕为自己的始祖,此时二宗尚处于隔绝状态,均未言及对方。入元后,有南宗道士开始铺陈其说,构

---

[1]《藏外道书》第 31 册,第 124 页。

建二宗同源平等又各自独立传道的传法世系。但直到元代中后期，南宗著名道士陈致虚（1290—？）才根据二宗已有的成说，在《金丹大要》和《金丹大要列仙志》中，提出了新的祖师系统，即：

王玄甫—钟离权—吕洞宾—⎧刘海蟾（下传张伯端、石泰、薛道光、陈楠、白玉蟾）
　　　　　　　　　　　　⎩王重阳（下传北七真）

根据这种祖系传承的安排，南宗五祖之首的张伯端成了北宗五祖之末的王重阳的晚辈，这显然是抬高了北宗，降低了南宗。但在当时元室已封王玄甫、钟离权、吕岩、刘海蟾、王重阳等为"真君""帝君"的情况下，这一祖系调和了南北二宗传法世系的矛盾，虽违史实，但却是最好的安排，故终被双方所接受，这样便完成了二宗的合并。

全真道除合并南宗以外，元代中后期还合并了真大道、楼观道和部分净明道，成为唯一的一个丹鼎大派，与符箓大派正一道平行发展。

二、正一教的汇融诸派

正一教渊源于汉代的五斗米道以及后来的天师道龙虎宗，历史最为久远。一般认为，五斗米道为张道陵、张衡、张鲁祖孙三代在巴蜀汉中地区创立并传教，张道陵为天师，张衡为嗣师，张鲁为系师，世又称之为"三张"。张道陵一派自称"正一"，而历来道教徒都称张道陵所创教派为"正一道"或"天师道"。汉晋以来，天师道在南北地区均有发展。唐、宋崇道，南北天师道与上清、灵宝等道派逐渐合流，宋理宗敕三十五代天师张可大，提举三山（龙虎山、阁皂山、茅山）符箓，兼御前诸宫观教门事，龙虎山正一天师遂为各道派之首。

到了元朝，在统治者支持下，天师道发展出一个新的支派，即玄教，终元之世，玄教贵盛的气势甚至盖过了天师道龙虎宗。玄教的贵盛与归融，在客观上大大强化了天师道的声望与力量，并使天师道与江南诸道派之间的联系更为密切，为以后江南诸派汇融为正一教大派奠定了基础。

元朝统治者对天师道龙虎宗也积极加以笼络、尊奉。早在南宋后期，忽必烈就倾心经营汉地，宋开庆元年（1259），他率军攻宋之鄂州（今湖北武汉），听闻三十五代天师张可大神异非常，便于战前遣密使入龙虎山造访，张可大对使者说："圣明当一四海。"[1]后来忽必烈果然灭南宋、实现统一。张可大的预言应验，使得忽必烈对天师道深感兴趣。至元十三年（1276）、至元十四年（1277），忽必烈两次召见三十六代天师张宗演，待以客礼，命主领江南道教，并在御制中称其为"天师"。张宗演获得主领江南道

---

[1]《道藏》第34册，第829页。

教的职权是史无前例的，之后被作为定制，为元朝诸帝所沿袭，历代天师皆受命主管江南道教，这就使得天师道享有与全真教分治南北道教的大权；另外，虽然天师称号在民间早已流行，但这是第一次正式以官方名义承认，天师道由此获得前所未有的殊荣。此后，天师道借此强化了它在江南诸派间的领导力和凝聚力，当时不仅江南的符箓派教务受其统领，全真教在江南者也要受其统管。江南道教各派宫观的赐额，道官、道职的任命以及道官封号的赐予等，皆需经过天师的批准和转达。到了元代中后期，南方诸道派融汇的各方条件均已成熟，大德八年（1304），元成宗敕封三十八代天师张与材为正一教主，主领三山符箓，这不仅意味着官方进一步确认上清、灵宝二派正式归并天师道统领，而且宣告了正一教的正式形成。

正一教所合道派有龙虎宗、茅山宗、阁皂宗、神霄派、清微派、东华派、天心派、净明道、太一道等，当时并不包括玄教，但元朝灭亡后，因明代的朱元璋只承认天师，不承认玄教宗师，玄教由此衰落解体，也归融于正一教。

三、仙道思想的互渗与交融

元代的道派合流，不仅是教派组织间的会归，同时还是各道派之间仙道思想的一次大互渗与大交融。一方面，全真教的大举南传，使得南宗与北宗的仙道思想正面交锋、交融；另一方面，天师道掌管江南各道派，也促成符箓道派的频繁交流。此外，丹鼎派与符箓派之间也发生着仙道思想的交流与互渗。元代道派合流的出现，正是以各道派思想的互渗与交融为基础，而道派合流的形成又进一步促进了各派教理思想的交融。

从正一教大派的形成过程来看，符箓诸派之间教理思想上的交融早已开始。符箓诸派之间的教义、方术彼此接近，本就十分有利于他们之间的思想交融。自元代天师道掌管江南各道派以来，符箓之间的交融更加广泛而深入。这在玄教掌教和骨干成员身上有典型表现，玄教道门的不少知名道士往往学无常师，兼习诸派道法。比如上文述及的玄教第二代掌教吴全节就是代表，他出身于龙虎宗，作为玄教道士的他，不仅仅承袭龙虎宗的符箓斋醮，还对其他道派的各种符箓方术兼收并蓄。他既向陈可复学雷法，又向东华派[1]首领林灵真学习道法，还向南宗道士赵淇学内丹。鉴于灵宝斋法，授受既久，渐失宗旨，他集诸家所传，亲自删定，分门别类为二十四门，总为十卷，题曰《灵宝玉鉴》。第三代掌教夏文泳也是如此，他既参研考订各派道法、斋科，又精研医药、卜筮等方技、方术。玄教骨干徐懋昭既习本派符箓斋科，又游学各地，得真人授术，能役鬼神、致雷雨、祭星斗，弭灾沴，也是杂采诸家方术。玄教高道陈义高，师从张留孙，习天师道法术，此外还旁通百家道法，于致雷雨、役鬼神以及卜筮、推步等方术，

---

[1] 东华派由南宋初道士宁全真所创，为符箓三宗之一的灵宝派分衍的支派。

皆有过人的表现。

向其他道派参学的情况，在其他符箓派内也同样大量存在。比如茅山道士赵嗣祺（1277—1340），字虚一，二十四岁学道武夷山天游道院，初师事杜道坚弟子张德懋，后又师事杜道坚，居升玄观；后随杜游京师，受玄教大宗师张留孙和嗣师吴全节礼遇，留居京师，并参学玄教，声名渐显。茅山宗另一高道张雨，钱塘（今浙江杭州）人，年二十弃家，遍游天台、括苍诸名山，后去茅山礼四十三代宗师许道杞弟子周大静为师，受大洞经箓，成为茅山道士，后又师从玄教道士王寿衍，向其习道法。

在道派融合的大形势下，一些高道立观授徒，往往不拘门派，广纳受教弟子，在促进道派思想交融的同时，也加速了道派间的融合，最典型者当为东华派的林灵真。他以温州为传教中心，受教弟子在州里不下百人，一时东华玄风极盛。据道籍记载，继林灵真之后所列东华派祖师，却成了龙虎宗的董处谦，再后为三十九代天师张嗣成，这表明该派在元代中后期已与龙虎宗相渗融，成为正一派的组成部分。

从全真教来看，在北宗南传过程中，与南宗发生密切的交流，南北二宗仙道思想互相影响，彼此参学交融。从思想史上看，全真道南北宗合流的关键人物是李道纯，他是元代著名的道教理论家。李道纯，字元素，号清庵，别号莹蟾子，都梁（今属湖南）人，他是白玉蟾弟子王金蟾的徒弟，属南宗嫡系。元统一江南后，北方的全真道大举南进，而江南的金丹派亦开始向全真道靠拢，形成南北合流之势。李道纯所处的年代，正值此南北交流融合，内丹学说发展兴盛之时。在这种环境下，博学多才的李道纯致力于内丹学说的修炼和研究，既通《老子》《周易》，又达禅机，其学以全真南宗为主，兼得北宗之意，为元代全真教南北二宗合流做出了重要的理论贡献。

南北二宗从钟吕内丹道的传统丹法出发，都主张性命兼修。但由于南北二宗在修道路径上将禅法摆在不同的位置，因而导致了修道方法上的差异：南宗主张"先修命后修性"，北宗主张"先修性后修命"。在南北二宗合流的大形势下，李道纯调和了二宗的差异，丰富了丹法理论。他一方面主张性命双修，不失南宗本色，他把性与命视为不可割裂的统一整体，"性无命不立，命无性不存"[1]，主张性命兼达；另一方面，在丹法次序上，他主张先性后命，这是吸纳全真丹法的结果。

从丹鼎派与符箓派的交流来看，内丹影响了符箓派，前文述及的宋元以来的新符箓派往往都以内炼为基，这是符箓派深受内丹思潮熏染的表现；同样，在道派合流的大形势下，金丹派也吸收了符箓派的方术。比如江南地区的全真北宗、南宗颇受符箓诸派的影响，也兼行符水。南宗三祖陈楠常以泥土掺符水，捏成小丸救人治病，同时他还兼传神霄雷法；东南地区全真道士金志扬，久居龙虎山，也行符水祈禳而闻名四方。此外，元初武当全真道士张道贵、叶云莱、刘道明等都向清微派宗师黄舜申参学清微法。

---

[1]《道藏》第4册，第503页。

元代的道派合流经历了一个长期的酝酿过程和演变过程，既不始于元代，也不终于元代。但元的大一统毕竟带来了道派间南北交融的契机，使得道派合流蔚然成风。这种合流不仅是组织上的会归，也体现为教理思想的大融合。至此，历史上形成的诸多道派，都汇融为正一教与全真教两大派，并各自分统所属道派，直至明清及近代。在合流形势下，一些缺乏传承的小道派就完全融进大派而失去独立性，更多的是大派下诸小派仍按自己的方式相继传承不绝，直至近代。

第四节　元代的八仙传说

八仙是中国人家喻户晓的神仙人物，是中国神仙文化的产物，八仙具体是指汉钟离、吕洞宾、蓝采和、铁拐李、韩湘子、张果老、何仙姑、曹国舅。八仙中的单个人物在唐宋时期已经出现，作为一个神仙群体主要形成于元朝，并兴盛于元明清三朝。八仙作为一种广泛的民间信仰，对我国古代的戏曲文学、宗教民俗均产生了深远影响。

一、八仙源流

"八仙"的名号起源甚早，唐代之前已经出现，但最初与道教八仙并无直接关联，钟、吕班底的八仙人物之形成经历了一个长期的酝酿过程。杜甫曾作《饮中八仙歌》，为世人熟知，但这里的"八仙"，其实是指唐代贺知章、李白、张旭等八个嗜酒狂放之人。五代时期，西蜀道士张素卿画有八仙像，这里的八仙虽已是神仙道士人物，但非钟、吕八仙。

到了宋代，随着内丹思潮的兴起，钟离权、吕洞宾等一批内丹家开始活跃于山野民间，为了扩大内丹的影响力和号召力，道教中人不断编造故事，神化钟、吕等内丹大家，使得他们陆续被关联到一起。钟、吕两人是这个八仙班底中最重要的头领人物，按照宋代这类神仙传说，钟离权最先得道，然后度了吕洞宾，吕洞宾又度了韩湘子和何仙姑。虽然当时八仙班底仍未凑齐，但已开始了组合趋势。

入元以后，钟、吕八仙基本形成，并借助戏曲、文学等艺术形式开始在社会上流传开来。元代最有代表性的艺术形式是元杂剧，而元杂剧中，以道教神仙故事为题材的神仙道化剧是其中重要的组成部分。元人夏庭芝著《青楼集志》[1]，把元杂剧分为十类，神仙道化剧是其中之一；明代朱权在《太和正音谱》中把元与明初杂剧分为十二类[2]，而神仙道化剧居首，足见它的重要性和流布范围。元代这类神仙道化剧大量出现，而八仙剧是其中最常见的题材之一。据研究，在元代八仙戏曲小说中，八仙主要有两种组

---

1 中国戏曲研究院编：《中国古典戏曲论著集成》第 2 册，中国戏剧出版社 1959 年版，第 7 页。
2 《中国古典戏曲论著集成》第 3 册，第 24 页。

成形式。第一种，以马致远《吕洞宾三醉岳阳楼》为代表，其中的八仙为：汉钟离、铁拐李、蓝采和、张果老、徐神翁、韩湘子、曹国舅、吕洞宾。此外，元明杂剧《吕洞宾三度城南柳》《瑶池会八仙庆寿》《群仙庆寿瑶池会》《紫阳仙三度常椿寿》《孙真人南极登仙会》《吕翁三化邯郸店》《争玉板八仙过海》等剧中，八仙组成也与之相同。第二种，以元岳伯川《吕洞宾度铁拐李岳》杂剧为代表，其中的八仙为：汉钟离、吕洞宾、张四郎、曹国舅、蓝采和、韩湘子、张果老、铁拐李，比前一组少了徐神翁，但多了张四郎。从这里可以看出，钟、吕八仙人物中，七个人物已经基本稳定下来，唯有八仙中的唯一女性——何仙姑[1]暂还没有进入这个仙班，但她已经出现在另一部元杂剧《竹叶舟》剧中，是代曹国舅出现的。

到了明代，何仙姑正式代替徐神翁或张四郎，进入钟、吕仙班，这以明汤显祖《邯郸记》、吴元泰《东游记》剧本为代表，其中的八仙分别是汉钟离、曹国舅、铁拐李、蓝采和、韩湘子、何仙姑、吕洞宾、张果老，这种组合成了明清时期最通行的组合，且基本上没有变化，八仙仙班最终确定。

二、八仙小传

钟离权，也叫汉钟离，且汉钟离的称谓知道的人更多，所以

---

[1] 八仙中的蓝采和，在戏本中也曾以女性形象出现。

名气也更大。汉钟离，复姓钟离，名权。"汉钟离"之汉，是汉代的意思，表明他所生活的时代，钟离权曾自称"生于汉"。既然生于汉代，当然也就可以称为汉钟离了。追溯这位神仙的原型人物，当生活于唐末五代至北宋初期，因为汉钟离的神仙传说起于北宋时，传说中提到钟离权在唐末曾入终南山修道，在五代时期度脱过吕洞宾，到北宋初期仍出没于人间。北宋郑景望的《蒙斋笔谈》较早地提到钟离权："（吕洞宾）五代间，从钟离权得道。权，汉人。迩者自本朝以来，与权更出没人间，权不甚多，而洞宾踪迹数见。"另据《宣和书谱》卷十九记载："神仙钟离先生，名权，不知何时人而间出接物，自谓生于汉。吕洞宾于先生执弟子礼，有问答语及诗成集。……自称'天下都散汉'，又称'散人'。"钟离权自称生于汉，是造成后人把钟离权时代附会成汉代的重要缘由。而实际上，在中国历史上，称国号为"汉"者甚多，而在五代十国时期，北方就有刘知远的"汉"，南方还有刘隐的"汉"、刘䶮的"汉"。从这些情况做综合判断，钟离权应是唐末人，曾仕于五代时的"汉"国，北宋时仍健在。

八仙的形象个个生动，装扮各异，每位神仙都有一件法宝（俗称"暗八仙"）。作为八仙核心的钟离权，其形象特征是头梳鬟髻（发髻梳在头顶两旁），髯过腹，大眼睛，红脸膛，袒胸露乳，一副悠闲自得的神态。他手中常执芭蕉扇，在八仙过海的杂剧中，他就是踏着芭蕉扇过海的。汉钟离的舞台形象正好契合他"天下散汉"的气质。钟离权之所以在八仙中地位尊崇，实则因为他在道教上的地位特殊。根据道籍记闻，他度脱过吕洞宾、刘海蟾，三人又共度王重阳成仙，所以钟离权成了全真教的老祖师。在全真教昌兴的元代，艺术创作下的八仙座次，也侧面反映出其在道教界的地位，八仙中的其他神仙都成为全真教祖师钟离权的徒弟或道友。

吕洞宾，历史上实有其人，名岩（一作嵓），号纯阳子，其里籍、生卒年均不详。较早的宋代记载，称他为"关中逸人"或"关右人"，元代以后多称其为河中府蒲坂县永乐镇（今属山西芮城）人或东平（治在今山东东平）人。他大约生活在唐末五代至北宋初年，跟著名的道士陈抟同时，他本是晚唐一位落魄儒生，多次应举，均不第，又值黄巢起义，于是携家隐居终南山，学道修仙。吕洞宾神迹广布，关于他的传说在宋代即广泛流传，内容也远比钟离权复杂得多。吕洞宾的活动以岳阳为中心，岳阳、汉阳、杭州等地均有祠奉祀吕洞宾，吕洞宾的仙迹还北及河南、陕西一带，南到湖南、浙江、江苏、广东一带，范围很广。世传他有剑术，百余岁仍然童颜，步履轻疾，能顷刻至数百里，世人就以之为神仙。

在关于吕洞宾的众多仙传传说中，元人马致远所作杂剧《邯郸道省悟黄粱梦》颇有意思。该剧取材于唐传奇小说《枕中记》，写吕岩进京赶考，客店烧黄粱饭之时，他梦中经历荣枯变幻，终于醒悟而成仙。剧情中，吕岩骑驴背剑，进京赶考，来到邯郸道一客店里休息，店家为他煮黄粱饭。钟离权也来了店中，想度他学道，但吕洞宾迷恋尘世功名，坚决不肯。钟离权便施展法术，令其倦睡。在睡梦中，吕岩过了十八年，与高太尉之女翠娥结为夫妻，有一双儿女。他奉命征讨外出，征战时，他私受敌方贿赂，故意让兵败退；得财后又私自回家，却撞见妻翠娥与魏尚书之子魏舍有了私情，欲杀翠娥，为人劝阻。朝廷因其卖阵受钱，本欲将他斩首，后改为发配到穷远之地，途中解差将他及其一双儿女释放。三人风雪之中迷路，得一樵夫搭救，指点他们去一草庵之中向一道姑讨些吃食。道姑之子打猎醉酒回来，将其一双儿女摔死，并持剑追杀他。正在此时，吕岩从梦中惊醒，而客店为他做的黄粱饭还没有熟。吕岩经此一梦，省悟到"人生如梦，万事皆空"，于是断绝酒色财气，看破红尘，学道成仙。

蓝采和，他的故事最早见于南唐沈汾的《续仙传》。他被描绘成五代时期一个以歌行乞的民间艺人形象，时常身着一件破蓝衫，长板高歌，向风而舞。他口才敏捷，诙谐戏谑，人们问他什么，他的回答总能令人捧腹大笑，而话中实则深富哲理。到了元代，元杂剧以伶人许坚为蓝采和，蓝采和正是许坚的艺名。他在勾栏里唱杂剧，年五十岁做寿时失误官身，被官府棒打四十大板，后被钟离权引度成仙。到了明清，创作戏曲中又以五代陈陶为蓝采和，前文中已有述及。

铁拐李，也叫李铁拐，他的故事在宋元间开始流行。元人岳伯川杂剧《吕洞宾度铁拐李岳》，是现存最早的关于铁拐李来历的故事。故事发生在北宋年间，铁拐李原是郑州六案都孔目（古时州县衙门的一种职官）岳寿，常利用职务之便，作奸犯科，搜刮民脂民膏。吕洞宾扮作道士前来点化，岳寿不悟，将他吊在门首。适逢朝廷大员韩琦奉旨到郑州整顿吏治，微服入城，在岳寿门前将道士放了，触怒岳寿。岳寿将韩琦捉了起来，并威胁逼贿，后韩琦显明身份，岳寿吓成大病，一命呜呼。魂入阴间，得吕洞宾相救而还魂，但其尸已被焚化，只得借刚刚死去不几日的瘸子小李屠之尸还魂，改名李岳，道号铁拐。之后他看破酒色财气与人我是非，随吕洞宾学道，位列仙班。

韩湘，在八仙中被称为韩湘子，擅吹洞箫，拜吕洞宾为师，学道成仙。韩湘在历史上实有其人，他字北渚，又字清夫，河南河阳（今河南孟州市）人，唐代大文豪韩愈的侄孙。韩湘在长庆三年（823）登进士第，其后官职不显。在韩湘的生平中，完全没有信道修仙的记录，他的成仙主要是人们对韩愈给其侄孙韩湘的诗进行附会，并结合道教造神而演化编纂出来的。韩湘子仙话的最初演绎者，当是唐人段成式。他的志怪小说集《酉阳杂俎》卷十《染牡丹花》记载，韩愈有一族侄，疯疯癫癫，常胡作非为，但却有奇术，能使初冬的牡丹开花，并且可随意决定花的颜色。这个故事主人公虽不是韩湘，但却为后人演绎韩湘起了个头。晚唐五代道士杜光庭在《仙传拾遗·韩愈外甥》中塑造了一个不喜读书、好纵酒赌博，但却身怀绝技的韩愈外甥形象。他不仅百步内能以尺余铁条穿三百六十钱而一一不漏，还可五十步内双钩草书而点画极工，这样的本领非奉仙得道者难以企及，所以杜光庭在后面的故事中还安排韩愈向这位外甥求仙问道。这是韩湘子仙话故事演绎的又一重要步骤。只不过这里的主人公改换成了韩愈的外甥。韩愈有《左迁至蓝关示侄孙湘》《宿曾江口示侄孙湘二首》等诗赠送晚辈，因此，其晚辈中叫得响的名号就是诗中提及的韩湘。到了北宋年间，刘斧的志怪传奇《青琐高议·韩湘子》就直接把仙话演绎坐实到韩湘身上，韩湘的身份在小说中成了韩愈的侄子。到了元代，山西永乐官壁画中有《八仙过海图》，其中就有韩湘子，可见最迟此时韩湘已加入八仙行列。

八仙中的张果老，年纪最大，成名最早，在唐代中期，有关他的传闻故事就流行起来了。张果老，在历史上同样实有其人，他是唐玄宗时期的著名道士。玄宗皇帝好神仙，张果老曾得召见，向其展示了种种法术，曾用铁如意敲碎自己的牙齿，又能很快长出新牙。张果老因其法术，获得皇帝和王公大臣们的欣赏，受到很高的礼遇，赐号通玄先生。关于张果老的仙话中，称他能倒骑白驴，可日行数万里；休息时即将驴折叠，藏于巾箱，颇为神奇。

何仙姑，是八仙中唯一的女性，她加入八仙仙班的时间与其他人比起来要晚得多。关于何仙姑的传闻，宋代就有流传。何仙姑的籍贯众说纷纭，有说是永州地方的女巫，有说是出自武平南岩，还有说是广州增城等，大体和范仲淹、欧阳修、司马光等生活在同一时期。早期何仙姑的传说多带有女巫师或女道士的特点，因食异人桃而能逆知祸福，常为人解说因果、预知休咎，其交往圈子主要是达官贵族和士大夫等上层社会人物。到了元代，赵道一《历世真仙体道通鉴后集》卷六记载了一位赵仙姑。这位赵仙姑，名何，学者们考证就是宋人所说的何仙姑。一日，赵仙姑外出采茶，与同伴走失，遇到一大胡子仙翁，授其一桃，吃了一半，剩余的半只桃子欲带回家留给母亲享用，她在仙翁指点下回到家中，家人却告知说她已失踪了一个多月。自此以后，这位赵仙姑就不吃五谷，且常与仙人相往来。书中的大胡子仙翁就是吕洞宾。根据这样的仙话记载，吕洞宾与何仙姑之间建立了师生关系。仙姑的原型也由原来宋时的女巫或女道变成了元代的采茶民间妇人了。

曹国舅，其原型为宋代国舅曹佾，历史上的曹佾是曹彬之孙，而不是内丹道所说的曹彬之子。曹佾是一位"寡过善自保"的皇家勋戚，他的姐姐于宋仁宗明道二年（1033）被立为皇后，他自然就成了国舅。他在宋代就被内丹道收编为吕洞宾弟子。作为吕洞宾的弟子，曹国舅在宋金时期便出现于八仙队伍之中，且形象颇为固定。在金代古墓砖雕八仙像中，曹国舅均跻身其间，他的标志性形象是手持笊篱。笊篱类似于今天我们使用的漏勺，用竹片编织而成。元代永乐宫壁画中也有曹国舅的形象。

曹国舅进入八仙仙班较早，但关于他的仙传故事的记载出现得很晚，目前发现的最早的关于曹国舅故事的记载是元代苗善时的《纯阳帝君神化妙通纪》，其中有吕洞宾度化曹国舅的传说，但这一仙传故事并未被同一时期其他仙传大家（如赵道一等）所收录。入明以后，关于曹国舅得道成仙的故事才丰富起来。

第七章
明代社会与神仙思想的世俗化

明代道教上承南宋金元以来道派分合的余绪,在三教合一的大形势下,一方面仍延续了较长时期的兴盛态势,正一和全真两大道派继续演进发展;另一方面,明中叶后,商品经济大发展,加速了明代社会世俗化转型,这些变化深刻影响到明代神仙道教的发展,并给仙道思想带来新的调整。

第一节　明代诸帝与神仙道

一、洪武皇帝的"道缘"

元朝末年,社会大乱,反元势力以宗教为号召,组织民众起义。当时社会上明教方兴,朱元璋投靠红巾军,即属于明教系统,他信奉其教,受其节制,明朝国号由来也与此有关。朱明王朝的缔造者朱元璋早年有过游方和尚的经历,又参加过信奉明教的军队,他对宗教的阴翊之功有直接而深切的感知。因此,他自然会秉承历来统治者在夺取、巩固政权过程中的惯常做法,积极利用道教。朱元璋在没有得到天下、尚在南方做吴国公的时候,就殷勤备至地主动接触四十二代天师张正常,并命令部属不得骚扰龙虎山的田产器物。朱元璋这样做,当然是因为看中张天师巨大的宗教影响力和社会号召力,朱元璋主动投之以桃,张天师也就报之以李,很快派人送给朱元璋一张"天命有归"的符。朱元璋得符大喜,并以此大肆制造自己为天命所归的舆论。

这位洪武皇帝的"道缘",早在此前就开始了。据研究,朱家有崇奉神佛的渊源[1],朱元璋的外祖父就是以巫术行世的。而朱元璋本人的降生也与道士有关。据《皇朝本纪》记载:有一天,朱元璋母亲陈氏夜梦一位黄冠道士从西北方向走来。道士走到房屋南面的麦场上,从一堆麦糠中取出了一个白色药丸,放在陈氏手上,药丸逐渐变大。黄冠道士对她说那是好东西,叫她吃了它。陈氏便吞食了药丸,第二天一早就生下了朱元璋。从朱元璋的出生传说到他从征、建国,都少不了道士的参与,这些为明代崇尚方术、信奉道教的传统奠定了基础。

洪武皇帝好方术、信道教,招纳并任用不少道士和精于道教方术之人。据《菽园杂记》记载,洪武年间,朝廷于各地访求通晓历数、能准确预言未来的术士,并封官晋爵以厚赏。朱元璋召

---

[1] 杨启樵:《明清皇室与方术》,上海书店出版社2004年版,第4—5页。

用的道术之士中，刘伯温就是代表，他辅助朱元璋定夺天下，是其最重要的得力助手。刘伯温学问庞杂，不仅博通经史，而且对不少道教方术、象纬之学也精研有加；而野史也有关于刘伯温从道士、方士受学，并与当时的不少高道有密切的交往的记载。比如，他在元朝末年曾任职江浙儒学副提举，这期间在杭州结识茅山道士张雨，交往甚欢。张雨羽化之时，刘伯温因故未能"执绋送行"，颇感遗憾。张雨曾立遗嘱求刘伯温为其亲撰墓志铭，他不负嘱托，根据张雨生前挚交濮阳吴叡提供的素材而撰成《张伯雨墓志铭》。

除刘伯温以外，洪武皇帝召用的著名道士还有黄楚望、张中、周颠仙等。朱元璋大破劲敌陈友谅时，就得到张中的策算与辅助。张中（1294—？），是元末明初道士，人称铁冠子或铁冠道人，少读书，应进士不第，遂放情于山水，佯狂玩世，尝遇异人，学得太极数术之学，祸福多奇中，又精通易理和兵法。明初，洪武帝数次召见其侍座，所言皆验。周颠仙，人不知其名，建昌人，常流浪乞食于南昌、临川之间。据传，他举止异常，能入火不损，入水不濡，擅辟谷之术，朱元璋对他很信任，还曾吃过周颠仙送来的丹药治好了病。

洪武皇帝虽然"道缘"不浅，但也正因此他深知佛、道之事不可等闲视之。洪武改制的重要举措之一就是加强对宗教的管理，把全国道教分为正一、全真两大派，设道录司总管道教。从节用民财、敦尚简朴的角度出发，针对当时僧道人数泛滥的情况，朱元璋制定了限制僧道出家的政令。明朝初年，各类小规模宗教起事活动时有发生，为巩固统治，防范僧道作乱，朱元璋还进行了一次全国性的人口大调查，编"黄册"，给僧道以度牒，令僧道并而居之，严禁与平民百姓混居杂处，以加强控制。另外，在加强僧道控制的同时，他又力倡儒教，以儒教为治国之道。政策层面上的限制佛道与私下里的信道、奉道，这看似矛盾的两件事在洪武皇帝那里实则结合在一起。

二、成祖与道家术士

> 黑帝不卧玄冥宫，再佐真人燕蓟中。……是时岂独疲荆襄，雍豫梁益皆为忙。少府如流下白撰，蜀江截云排豫章。太和绝顶化城似，玉虚仿佛秦阿房。南岩宏奇紫霞丽，甘泉九成差可当。十年二百万人力，一一舍之空山旁。[1]

这是明代文学家王世贞《武当歌》中的诗句。他以诗刺史，讲述明代历史上成祖皇帝的崇道之事。诗文中的"黑帝"就是北方的玄武大帝，也叫真武大帝，是道教赫赫有名的尊神，本居于北方玄冥宫。成祖朱棣（1360—1424），本为燕王，发动靖难之

---

[1] 王学范主编：《王世贞抚郧诗文集》，长江出版社2009年版，第37—38页。

变时，曾假借玄武帝神佑，终从侄儿手中夺得江山；后面的诗文以夸饰的笔法描述成祖大肆营建武当宫观的盛况。

在崇道问题上，成祖颇似宋徽宗，他与道术之士的关系十分密切，他身边聚拢了一批佛道方士，成祖建业就得他们的辅助。这批佛、道方士怂恿、力劝他举事，金忠和袁珙就是其中的代表。

金忠（1353—1415），明鄞县人，少好习易，长通占卜之术，曾卖卜于顺天府，市人传以为神，后得姚广孝推荐，进入燕王府邸。当时惠帝的削藩政策引起燕王不满，燕王意欲起兵而不敢轻决，就托病召金忠来问卜。金忠占得铸印乘轩之卦，并解释此卦贵不可言。此后，他出入燕王府中，常以所占得的结果劝成祖举大事，成祖对他深信不疑。

相人袁珙（1335—1410），字廷玉，与金忠同乡，是元末明初的相术大师。据《明史·袁珙传》记载，他早年尝游海外洛伽山，遇一异僧，授以相人术。此后，他苦练此术，在元末已名震一方。他曾经为数百个士大夫相过面，预言其生死福祸，无一不验。洪武年间，他在嵩山结识姚广孝，后得其推荐，被燕王召至北平。不过朱棣对他的相术半信半疑，决定设计试探。朱棣与长得像自己的九个卫士混在一起，手持弓箭，在店中饮酒。袁珙进来后，对旁人视若无睹，径直走到朱棣面前，跪倒在地，说："殿下怎能如此轻贱自己呢？"这时，朱棣知道袁珙并非徒有虚名，相术果然精准，对他的好感大增，忙邀袁珙到府中详谈。袁珙仔细看相后，称燕王龙行虎步，日角插天，是太平天子之相，四十岁时，胡须长过肚脐，就能登帝位。袁珙之言无疑让燕王更加坚定了举事的决心。

成祖好道术，还有一事可以明证。据《鸿猷录》记载，当时有一颠道士，不知其姓名，为成祖所召。颠道士向成祖进言，说城西某地贵不可言，并问他是否有可葬之人？成祖怪其言不祥，回答说没有。颠道士则继续提醒朱棣，问他的乳母葬身何处，朱棣如实回答说乳母死后就草草埋葬了。颠道士劝谏成祖改葬其乳母，成祖从之。[1]由此可见，成祖对堪舆风水之类的道术也深加信奉。

明代武当道教从兴盛走向鼎盛，应该说得益于成祖朱棣的扶持。朱棣在位时曾大修武当山宫观，崇奉玄武大帝。据《鸿猷录》卷七记载，朱棣将举兵时，曾有术士相助，以幻术捏造神迹，假玄武大帝显灵，以激励军心。[2]朱棣在夺取帝位之后，便特别尊奉玄武神，曾撰有《真武庙碑》以歌颂其功德，并于京城及武当山营建宫观供奉，其中武当山的营建规模最为庞大。据学者研究，这位皇帝营建武当宫观的工程前后竟长达十四年之久，修成了九宫、八观以及行宫、庵、祠、岩庙等共三十三处，耗费了大量的人力、物力和财力。[3]前文提到的《武当歌》就对营造武当宫观的情况做了形象的描述。武当山宫观建成后，成祖赐名武当

---

1 2 （明）沈节甫辑录：《纪录汇编》第2册，中华全国图书馆文献缩微复制中心1994年版，第772页、第773页。
3 杨立志：《明帝与武当山宫观经济考述》，《宗教学研究》1998年第1期。

山曰"大岳太和山",于天柱峰顶冶铜为殿,饰以黄金,供奉玄武像于其中;钦选道士数百人充入山中各宫观;给田二百七十七顷,并赐拨徒流犯人为佃户耕而赡之;专门委派官员至武当山提调事务等。

大修武当宫观,崇奉真武大帝,这些大张旗鼓的举措,实际上是朱棣意图向臣民宣传这样的政治用意:他取得"靖难之役"的胜利,有道教玄天上帝真武神的保佑,既夸耀了神的威力,给靖难继位涂上了"君权神授"的色彩,又可改变篡逆形象,为自己的皇位找到合法性依据。朱棣把玄武神树成"明朝家神",把玄武宫观变成了皇室的"家庙",在客观上大大促进了武当道派的发展。

三、笃好方术的明朝诸帝

明代的立国有方士的参与,成祖的建业也有方士的参与,可见明代皇帝有好方术的传统,成祖以下的明代其他诸帝也不能免此俗。

明代诸帝笃好方术最典型的表现就是服食丹药的风气。唐以来,金丹服食备受诟病,内丹兴起,外丹衰落,但外丹烧炼并未断绝。有明一代,不少皇帝都有服食丹药的经历。前文述及明太祖洪武皇帝就服食过丹药,史书也有成祖服食灵济宫的仙方而损害身体的记载。成祖之下,就是仁宗皇帝。仁宗在位仅九个月,就病重驾崩,原因何在?我们就先从仁宗之死来谈起,根据《明仁宗实录》等史料记载，仁宗从忽然发病到死亡，仅仅两天时间。发病的前一日还在正常理政，却在毫无征兆的情况下忽然死去，称得上是暴卒，这不免引起人们议论纷纷，当时流传着仁宗死亡之谜的诸多传说。明人笔记小说《病逸漫记》记载："仁宗皇帝驾崩甚速，疑为雷震，又疑宫人欲毒张后，误中上。予尝遇雷太监，质之，云皆不然，盖阴症也。"这里提供了当时人们的几种说法，即或云被雷霆劈死，或云被宫人毒杀。作者陆釴曾直接向内廷中一位雷姓太监求证，这位太监对上述说法皆不以为然，而提出仁宗死于"阴症"。另外，据《明史》记载，宣宗初，（御史孙汝敬）上书大学士杨士奇，曰："先皇帝嗣统未及期月，奄弃群臣。揆厥所由，皆憸壬小夫，献金石之方以致疾也。"[1]这里的先皇帝正是明仁宗。由上述分析可以推断，仁宗暴卒的原因很大可能是服食金石丹药，因丹药毒性而致疾并速亡，由此其信方术、奉释老就可想而知了。

仁宗死于金丹服食，在明代的皇宫大殿内并非最后一个，之后宪宗、孝宗均重蹈覆辙，死于丹毒。宪宗是明朝历史上有名的荒淫好色的君王，他开启明代皇帝不上朝的先例，破坏了君王与百官面议时政的传统。在不上朝的时间里，他潜心修仙问道，搜罗长生之方。道士李孜省、邓常思之流以媚药、淫术投其所好，皆得宠幸，荣耀一时。根据孝宗即位之初监察御史陈毂等人的奏

---

[1] （清）张廷玉：《明史》，中华书局1974年版，第3959页。

疏，宪宗生前曾迷信方士，优礼道士，甚至让道士做到了尚书。在这样的风气影响下，一批外朝大臣，如万安、李实、张善等，也纷纷效仿，进献房中秘方，以邀宠固位，其结局是"遂使术误金丹，气伤龙脉。一时寝庙不宁，旬日宫车晏驾"[1]，终得了死于丹毒的下场。

相比而言，孝宗称得上是明王朝的有为贤君，但风气所染，他也逃不出信方术的窠臼。史载，当时的太监李广"荧惑圣心，召集道流，以致黄白修炼之术，丹药符箓之伎杂进并兴"[2]。后李广因得罪太皇太后，饮鸩而死。李广死后，孝宗还臆测他可能私藏丹药方书，特地派内侍前去搜索，可见其对方术的迷恋之甚。孝宗后终因丹药而英年早亡。

除了金丹服食之风外，明代诸帝尚方术还有一个重要表现，就是广设斋醮。斋醮，亦称斋醮科仪，是道教对其崇拜仪式的传统称呼，俗称"道场"。明朝太祖洪武帝就对斋醮一事十分感兴趣，曾亲制道教科仪乐章，并躬行祈祷斋戒。明代祀典除岁时致祭之外，凡帝、后诞辰和忌辰，祈晴求雨，禳灾祛祸，按所需随时举行斋醮祈祷，故祭祀之典特为频繁，历朝皇帝始终信守不渝，虔行不怠。明世宗嘉靖皇帝醉心此术，历史上所谓的"青词宰相"，就出在嘉靖朝。青词本来是道士做斋醮法事时奉献给神的词

---

[1]《钞本明实录》第10册，线装书局2005年版，第75页。

[2]《钞本明实录》第11册，第66页。

章，没有任何治国安民的实际内容。嘉靖皇帝素来身体荏弱，广行斋醮，本欲借此除恶去病，后来竟发展到滥行斋醮，事无大小，皆系请于神，不验则请之再三，有验则行大醮以谢神佑。在这种情况下，撰写青词就成了礼部官员的日常事务，青词写得好与不好竟成了能否升官的标准，一代奸臣严嵩就是靠写青词起家的，他排挤政敌，取得内阁首辅之位，时人讥为"青词宰相"。斋醮祈祷之事终明一代未曾断绝，到了明朝末年，为了应付频繁的斋醮仪式，还专门培养了一个宫廷仪仗队。崇祯末年，内乱迭起，仍屡次建醮祈禳，帝与后妃亲往行礼，可见有明一代的诸帝皆惑于此道，至破家丧国而不悟。

第二节　一代"隐仙"张三丰

一、张三丰其人

张三丰，辽东懿州（今辽宁彰武西南）人，为元明之际充满传奇色彩的著名高道，其先世出自江西龙虎山。在道教史上，他是自唐末吕洞宾以来最负盛名的"活神仙"。作为一代"隐仙"，有大名于当世，而且其名号众多，记载又各异。据统计，各类文献中关于张三丰的名、字、号多达二十多种。《明史·方技传》记载张三丰："名全一，一名君宝，三丰其号也。"其他还有君实、仲猷、玄素、玄一、玄玄子、昆阳、三伴、三峰、三丰遯老、保和容忍三丰子等诸多名号；又因其不修边幅、穿着邋遢，还有张邋遢、邋遢张仙人等称号。张三丰不仅名号众多，而且关于其生活的时代也有多种版本的说法：主要有北宋末、宋末元初、元初至明初、元末明初等说法，而且各种说法之间相互矛盾。学者经过考证，尤其从明朝太祖、成祖二帝大动干戈寻访仙人张三丰的行迹，间接可证张三丰在明初仍有活动。我们向上溯源，可以基本确信张三丰为生活于元明之际的道士，当不会有误。

作为一代高道和"隐仙"，张三丰总是行踪莫测，时人已目其为神仙。张三丰身材魁伟，龟形鹤背，大耳圆目，须髯如戟，寒暑唯一衲一蓑，既不畏寒，也不怕热，所以穿着上极为简单；张三丰食量惊人，据说一餐能食升斗，但又擅道家辟谷之术，可数日一食，也可数月不食；他记忆力极佳，读书可过目不忘；道术高深，或云能一日千里，能预知未来祸福休咎；性情诙谐，又洒脱不羁，谈笑自若，旁若无人；行踪不定，居无常处，兴来可穿山走石，倦时则铺云卧雪，随遇而安。

张三丰虽为一代高道，但并非埋身深山、静坐玄思的孤修者，而是极富有生活情调、充满生机的一个人，他曾写下七首叹出家的道情歌，其中有：

叹出家，到也高，学了些散淡逍遥，顺逆颠倒。通

> 玄妙，一瓢饭能吃多少，三杯酒面象仙桃，花街柳巷呵
> 呵笑。小葫芦常挂在腰，万灵丹带上几包，到处与人行
> 方便，遇缘时美酒佳肴，淡薄时饮水箪瓢……[1]

道情歌里这位逍遥于人间的活神仙，正是张三丰的写照，富有生活趣味和活泼感，显得可亲而又可爱。

张三丰一生不慕荣利，遁世清修，声望弥高，所以被称为"隐仙"。明太祖朱元璋曾任命张三丰的徒弟丘玄清为太常寺卿，可见他对仙人张三丰也颇为敬慕，他晚年身有疾患，欲求张三丰合仙药，于洪武二十四年（1391），遣人四处寻访无着，其间又派张宇初等寻访，皆无结果。湘王朱柏（1371—1399）笃好道教，亲自到武当山寻访过张三丰，也未遂愿。永乐五年（1407），明成祖朱棣即位不久，遣给事中胡濙带人携玺书，前后寻访张三丰长达十年，终不得见。面对帝王、藩王的盛情召请和唾手可得的名利荣华，张三丰始终不为所动，只愿做个自在的活神仙，而不愿做个御用道士。张三丰的声名因屡次征召不赴而愈著，可谓求隐而得大名。

张三丰一生行状，难以详考。据张三丰自述，他曾任中山博陵县令，后弃官出家为全真道士，曾于终南山遇火龙真人传以丹

---

[1] （明）张三丰著，方春阳点校：《张三丰全集》，浙江古籍出版社1990年版，第86页。

诀，赴武当修炼多年。张三丰隐居武当时还创立了内家拳法，是武当内家拳的创始人。张三丰喜云游，行踪不定，综合文献中的有关记载，并按照时间的先后顺序可大体梳理出张三丰仙游路径：元中（约1321），张三丰学道于河南开封府鹿邑太清宫；洪武初（约1368—1378），或来到武当山，或到过黔地黎峨城；洪武中（约1388），来到山西玉阳观；洪武间（1368—1398）"以军籍戍平越卫"来到贵州福泉山高真观；洪武二十三年（1390）云游长安，继至陇上；洪武二十四年（1391）云游甘州，十年后，离开甘州；洪武二十六年（1393）以前居宝鸡县东三里金台观；洪武二十六年后入四川，又入武当，或游襄邓间；洪武末年从陕西到鹤鸣山修道；永乐年间（1402—1424）隐居山东青州云门山。[1] 如此一来，张三丰仙游各地的时空范围可以大体勾画出来：时间上从元初持续到明朝前期，前后长达百年；空间上则辗转于河南、湖北、山西、贵州、陕西、甘肃、四川、山东等地，云游大半个中国。

二、"福自我求，命自我造"：张三丰仙道思想

从元明之际的道派归属上看，张三丰当属全真道。从其丹法传承上看，张三丰师从火龙真人，火龙真人师从陈抟，陈抟师从

---

[1] 关于张三丰云游时间及路线，参见吕旭涛、梁宇坤：《张三丰史迹考》，《学术交流》2014年第5期。

麻衣道者李和，麻衣道者师从文始真人尹喜，[1]史料记载的这段师承谱系虽不可尽信，但该派宗源明确指向了文始。道门的内丹派别中历来有少阳最大、文始最高的说法。少阳指王少阳，即汉朝道士王玄甫，创立少阳派；文始指周代的关令尹喜，得老子真传，后世奉为文始真人。文始和少阳两派，后来发展成全真教的北派和南派。因陈抟又兼得少阳派刘海蟾之传，所以其丹法合文始、少阳二派为一。据此，张三丰作为传人，其丹法可谓汇综全真道南、北二宗。张三丰认为通过丹道修炼可以延年益寿，长生久视，与道合一。张三丰丹法中囊括清静丹法、同类阴阳丹法、龙虎丹法，堪称丹道大全。张三丰是丹道的集大成者，从张三丰思想行迹及修持道法看，其丹法已融全真南、北宗之精要，更接近全真道。

张三丰不仅是一位道法深厚的高道，还是一位著书立说的多产道教学者，其著作传世甚多。《明史·方輸类》所载道家书目中，《金丹直指》《金丹秘诀》各一卷，为三丰先生著作，[2]其还有《道言浅近说》《无根树》《大道歌》《炼铅歌》《琼花诗》《丽春院》《青羊宫留题》《金液还丹歌》《了道歌》《金丹诗》诸多丹道诗词歌诀等。

张三丰的思想特点是汇纳三教，以道为主。他认为儒是行道

---

1 《张三丰全集》，浙江古籍出版社1990年版，第302页。
2 董沛文主编：《张三丰全集·凡例十三则》，华夏出版社2017年版，第5页。

济时者，佛是悟道觉世者，而仙乃是藏道度人者。三者各讲各的妙处，各讲各的好处，争口舌之是非没有意义。他提出，三教之道实质是相同的，都是修身养性、济世度人，只不过手段和方式不同罢了，不必去争论谁对谁错、孰高孰低。既然三教同此一道，因而"道"在张三丰这里取得了本体意义："道"为三教共同之源，统生天地万物，含阴阳动静之机，具造化玄微之理，统无极、生太极，是万物的本根、本始和主宰。儒离此道不成儒，佛离此道不成佛，仙离此道不成仙。

宇宙万物的生成演化离不开道，人的孕生、人的性命也同样离不开道。张三丰对道化生人有过一段详实的阐论：道统无极和太极，无极为"一片太虚"，为阴静，是"父母未生以前"的状态；而"太极"为"一片灵气"，为阳动，是"父母施生之始"的状态。阳动即引起阴动，则"阴阳相推，刚柔相摩，八卦相荡，则乾道成男，坤道成女矣"[1]。可见道化人身、性命。人要实现成仙的目标，必然要修道，也即修性与修命。如何修道？张三丰从丹法修炼的角度，秉持传统丹道的逆修逻辑，指出人若顺道而行，不过能繁衍子孙，但难脱常运；若逆道而行，则能修真仙上圣，逃出生死定数，达到"福自我求，命自我造"的自主人生境界，可以"居不夜之天，玩长春之景，与天地同久，与日月同明"[2]。落实到具体，就是进行内丹修炼。

---

1 2 《张三丰全集》，浙江古籍出版社1990年版，第1页、第3—4页。

大体而言，张三丰的内丹修炼理论可以概括为两个方面。一是，主张性命双修。张三丰认为御女采阴、黄白烧炼等都是旁门左道，而按摩导引、胎息吐纳、修服药草等养生诸法，虽能暂去疾病，但不能从根本上脱离衰老命亡的结局，只有金丹才是内丹之大道。他在论述金丹修炼时说"一阴一阳之谓道"，修道者要修的就是这个阴阳之道。所谓一阴一阳，说到底只是一性一命。性命双修，才合神仙之道。在修炼次序上，张三丰认为应该先修心性，后修命脉。但他也吸收了以张伯端为代表的金丹派南宗的内炼思想，尤其是关于修命的特异法门。他指出了以性命双修为宗旨的内丹术是道教养生学的正宗，张三丰的内丹学说体现了兼及南北的特色。

二是，重视"筑基培元"的炼己功夫，这是张三丰内丹学说的一个重要特点。张三丰认为炼己是内丹修炼中极为重要而十分艰难的关键环节，他在《大道论》中说："还丹容易，炼己最难。"[1] 炼己包括"筑基"和"培元"两个层面："筑基"就是筑丹基，即在开始炼丹之前做好准备工作；"培元"就是通过内在心性的调理，而使耗损的元气得到培补。张三丰在道情歌里对这一功法做了形象的比喻：

无根树，花正微，树老将新接嫩枝。桃寄柳，桑接

---

1 《张三丰全集》，浙江古籍出版社1990年版，第112页。

梨，传与修真作样儿。自古神仙栽接法，人老原来有药医。访明师，问方儿，下手速修犹太迟。[1]

根据后来道教学者的解释，"无根树"喻指人身，"微"就是衰败之意。因人身百脉皆生于气，气生于虚无之境，所以叫无根。又因为人在成长过程中，容易受到各种杂念、欲望的牵累，造成精气神的耗散，如无所滋补，则会气败血衰，致人病死，就像无根树之花自然衰败一样。树老可以重新接枝，以焕发新的生机，人身衰老也可以用"神仙栽接法"来医治。这个"神仙栽接法"就是炼己功夫。练己就是炼元神、元气，把后天丧失的东西补回来。炼己最主要的功夫就是要祛除杂念，做到绝虑忘思，使得元神独照。张三丰从自己和别人的修道经验中发现，以前许多贤哲在修行的道路上半途而废，都是因为未曾炼己持心。在环境方面，张三丰认为应该在世俗间修炼，提倡"炼己于尘俗，积铅于市廛"[2]。只有在繁杂的尘俗世间，磨炼自己的心志，做到收心摄念，丹基才能真正牢固。

张三丰在继承前人思想成果的基础上，顺应三教合一的大势，建构以道论为基础的内丹修炼思想，较详细地阐述了道化生人的过程，凸显了性命双修与筑基炼己的修炼主旨，形成了自己的内丹思想，终成一代隐仙的典范，永为后世敬仰。

---

1 2 《张三丰全集》，浙江古籍出版社1990年版，第67页、第14页。

第三节　张宇初与正一教

一、正一教的贵盛

曾在元代盛极一时的玄教，因不得明王朝的认同，便迅速衰落下去。道教另一主要派别全真教由于在元初期受到统治者的扶植而在明初被视为元的"遗民"，故而长期受到新朝的敌视和限制，活动逐渐趋于地下并开始向底层信众发展；同时，全真教在元朝中后期部分上层道士的腐败和堕落，导致其在中下层民众中往往很难获得良好的口碑，不易获得中下层信众的支持。这为正一教的势盛带来极好的发展契机。

明太祖朱元璋深谙宗教的阴翊之功，欲借神明之威以固统治，故对道教尤其正一道给予了一定的扶植，这一政策基本为后来的明朝帝王继承下来。明太祖从社会教化与控制的角度出发，比较了明初社会影响力较大的佛教禅宗、道教的全真教以及正一教。他认为禅宗与全真教专务以修身养性，独为自己而已，无助于人伦教化、淳厚风俗，而正一教则不然，它"特为孝子慈亲之设，益人伦，厚风俗"[1]，能有效发挥良好的社会教化作用，故对正一教

---

1 《道藏》第9册，第1页。

尤为恩重。

自洪武朝开始，明朝历代帝王都对正一教首领尊崇有加。洪武元年，正一道第四十二代天师张正常入朝礼贺，张正常以符水治病术闻名，明太祖封他为正一嗣教真人，赐银印，秩视二品。洪武五年，又敕令张氏永掌天下道教事，从此正一派首领跃升为整个道教的统领，取得了殊荣的地位。张正常羽化于洪武十年（1377），其子张宇初嗣位后，袭封正一嗣教大真人，领道教事。后世皇帝依先朝惯例，对正一教历代嗣教继续册封尊崇，张宇清、张懋丞、张元吉、张玄庆、张彦頨、张永绪等相继嗣教，代代被封为正一嗣教大真人，爵位视二品，增官晋爵，享有种种特权，等等。有明一代，正一道得到了无上的尊崇。

从受封真人名号的字数可以窥见正一教贵盛态势。张宇清的大真人号为十四字，张元吉的大真人号达十八字，张彦頨的大真人号更长达二十字。据当时有关史料记载，明朝帝王的祖宗庙号不过十六字，亲王及文武大臣有功德者，谥号只有一二字，而张陵后嗣的大真人号字数竟超过皇帝庙号的字数，其受尊宠的程度可见一斑。不仅如此，张陵第四十六代孙张元吉嗣教后，恃宠骄恣，横行乡里，强夺民女，诈人财物，私设牢狱，杀害无辜者达四十余人。成化五年（1469）事发，张元吉被械押至京，有关部门拟罪凌迟，妻子流放，绝其荫封。但宪宗却一再加以宽宥，将其由凌迟减至充军肃州卫，仅三年即放回。成化八年（1472）又命其子张玄庆袭封正一嗣教真人，并传旨聘成国公朱仪之女为配，成了明王朝的皇亲国戚,地位反较其先辈更加显赫。据明代陆容《菽园杂记》卷八记载,成化年间,朝廷给张真人的待遇就超过衍圣公(孔子后嗣)。当时,衍圣公每年都会按例赴京朝贺,沿途会有水陆驿传,启程时有地方官府派给的中等车船送往京师,返程时,朝廷不派车马、快船送还;而同时的张真人往返,则水陆启程时地方官府会派上等车船送往京师,返程时朝廷也派有车马、快船相从,送回龙虎山。

正一教在明朝的贵盛得益于明王朝倾向性的宗教政策支持,除此之外,正一教道士得到重用也是其教派贵盛的重要体现。从朱元璋开始,正一派的很多道士就受到了尊崇。如宋宗真、傅同虚、邓仲修、张友霖、黄中理、王默然、周玄真等,他们有人随张正常入朝觐见,或被道门委以重任,或为皇朝建醮祈福。明成祖朱棣对正一道士亦崇信有加,即位之初就恢复了正一道首领张宇初的真人地位,又封张宇清"正一嗣教清虚冲素光祖演道大真人",掌道教事。在朱棣的崇道行为中,特别值得一提的是他对道教真武神的信奉。明成祖在夺取帝位的靖难之役中得真武神保护佑助,故封真武大帝为护国大神,因传说真武大帝的修炼之地在武当山,故而大建武当山宫观,使武当道教兴盛起来,而历任武当山各宫观住持、提点、副官中又以正一派道士居多[1],后世各朝均对正一道士礼遇有加。

---

1 杨立志:《元明正一天师与武当道》,《武当学刊》1996年第2期。

第七章
明代社会与神仙思想的世俗化

明代皇帝崇道最甚的是明世宗，他和前朝统治者一样继续宠信正一道士。他对正一道士邵元节的宠信就是很有代表性的例证。邵元节（1459—1539），字仲康，号雪崖，江西贵溪人，龙虎山上清宫道士。嘉靖三年（1524）被征召入京，后因祈雨雪有验，受封"秉诚致一真人"，并统辖朝天、显灵、灵济三宫，总领道教，给玉、金、银、象印各一。不久赠其父太常丞，母安人。因皇嗣无继，世宗命邵元节修醮求乞。嘉靖十五年，皇子诞生，录其祷祀功，授礼部尚书，赐一品服，孙、徒、师咸进高秩。邵元节嘉靖十八年逝世，据称世宗皇帝得知其去世消息，竟"出为涕"，并赠少师，赐祭十坛，有司营葬，用伯爵礼，谥"文康荣靖"，由此可见世宗对其尊崇之深。

另外，明王朝大修宫观、广行斋醮等活动，进一步推动了正一教的贵盛。明永乐元年（1403）和十四年（1416），明成祖两度赐缗钱修葺龙虎山上清宫，又于永乐十三年（1415）在龙虎山敕建真懿观，并筑堤防，造浮桥。因成祖朝特别尊奉真武大帝，由此开启了武当山宫观建筑群的大规模修造工程，以奉真武大神。成祖朝相继修造了玄天玉虚宫、太玄紫霄宫、兴圣五龙宫、大圣南岩宫等道教宫观建筑群。当时这些宫观建筑的住持主要是正一派高道，且多为正一派天师推荐，这与当代武当山以全真教为主不同。同时，明王朝广行斋醮活动，这也为擅长符箓法术的正一教提供了良好的舞台，推动了正一教的势盛。

二、"列仙之儒"张宇初及其仙道思想

张宇初（1359—1410），字子璿，别号耆山，江西贵溪人，为明代正一派著名道士，第四十三代天师。自幼聪慧颖悟，习百家之书，承家门道学，贯综三氏，谙悉佛、儒思想，学问深造，称得上是道教历代天师中知识最渊博者之一，人称道门"硕儒""列仙之儒"。

张宇初著作颇丰，有《岘泉集》十二卷，《道门十规》一卷，《元始无量度人上品妙经通义》四卷，辑录其祖《三十代天师虚靖真君语录》七卷等。《列朝诗集小传》称："唐宋以来，释、道二家并重，有元末高道如吴全节、薛羲之流，皆显于朝廷。国初名僧辈出，而道家之有文者，独宇初一人，厥后益寥寥矣。"

就仙道思想而言，唐宋以来，内丹学大兴，道教各派均受其影响，在教义教理和仙道思想上做了相应的调整和革新。长期以来，天师道主事符箓斋醮，虽高道辈出，但在教理思想上，与全真教相比显然建树不足，缺乏融汇内丹思想的理论著述。张宇初作为正一道的天师，面对当时"玄纲日坠、道化莫敷"的形势，一方面积极规范斋醮科仪，清肃教门戒律，重振道风；另一方面承内丹思潮之余绪、顺应三教合一之大势，为明代正一教发展在理论上做了重要贡献。具体而言，主要有以下几方面：

首先，正肃规诫制度，整饬道门风气。张宇初作为正一道乃

至全国道教领袖，自然身负使命重任，欲振作教门、清整风气。为此，他在继承前人成果的基础上，著了《道门十规》。《道门十规》对于道教之渊源和流派、立教本旨、道教发展过程中之种种问题进行深入探讨，通过正本清源，来统摄诸派，共振道风。他指出名利之欲是酿成道风堕坠的主要原因，并强调学道之士，要始终保持艰苦俭朴的修持参究之风，严格遵守道法规范，以真功实行为本，以苦功苦行作为"磨励身心分内之事"[1]。

其次，传习内丹，融摄外法。正一道主事符箓道法，与内丹修炼本无太多联系。正一天师中，自三十代天师张继先开始参习内丹，并以内炼为符箓之本。但直至张宇初，才真正将内丹思想融入符箓道法之中，形成理论成果。张宇初之所以特别重视内丹，与其所受师教直接相关。张宇初曾师从得全真北派内丹之传的刘渊然，刘渊然又师从明初著名高道赵宜真，而赵亦得全真邱处机一脉相传之道术。张宇初既得全真丹法之传，又谙习世传之符箓道法，加上其自身丰厚的学养，使其有条件将内丹思想与符箓道法融摄起来，形成以内炼为本的斋醮道法思想。

再次，融通理学，修心证道。张宇初之所以被称为"列仙之儒"，正因为他凭借自身丰厚的儒学素养，将程朱理学心性观融入仙道丹法之中，使其丹法思想带有鲜明的理学气息。张氏将理学心性观融入丹法之中，最显著地表现在他的心本论仙道哲学上。他继承了邵雍"心为太极"和陆九渊"心即理"的心学思

---

1 《道藏》第32册，第148页。

想，构建起自己的心本论：将宇宙万化归本于心，认为心是道之本体，"心为道之宗"[1]，以心为世界的本原。同时又将观"心"作为知"道"的途径。不同的是，理学家所讲的修心是人道、圣贤之道、内圣外王之道，而张宇初的修心，则是追求冲淡玄虚、超越生命拘迫、获得心性自由的仙道。这种融儒入道的高明之举，既适应了当时儒学盛行的需要，又为道教教义思想的发展提供了空间。

另外，张宇初的成仙观也是基于他的心本论仙道思想，并深受全真教的影响。全真道认为，人由肉体与真性组成。心即真性之载体，故真性蕴藏于心。修道即是修炼此心以复见真性，所以成仙摄真并非肉体不死而是真性永存，即所谓"真性不乱，万缘不挂，不去不来，此是长生不死也"[2]。全真教的成仙思想给张宇初以启发。张氏也称人的肉体生命有限，而人之"性"则可恒常不坏。"人之有身，性命之道一焉。然命有终尽，而性无沦坏。"[3] 从修道路向言之，全真道注重由心而性，摄念归真；张宇初则强调由心归道，息念返虚。虽两者都将心性问题作为精神超越之关键，但全真之成仙观是建立于真性本体论之上，而张宇初则是建构于心本论之上。

张氏融儒于道，还典型表现在将儒家的道德性命之学融入道教教理中，提出道学之本就在于修道德、全性命而已。张宇初强

---

1 3 《道藏》第 2 册，第 298 页、第 314 页。
2 《王重阳集》，第 295 页。

调欲求仙道必须崇德积善,而贼德害善者,必会给自己带来不幸、沦入鬼道。张氏把"立诚""修德",作为道教日常信仰生活的重要内容,将鬼神与道德善恶统合起来,"鬼神无常享,享于克诚,黍稷非馨,明德惟馨"[1],一个人如果诚怠德亏,给鬼神上供再多的享用也于修道无补;同时,要求道徒严守戒规,以磨炼心性,形成功过性质的道教规范。这在一方面对道教徒形成内在制约,另一方面适应了明代统治阶层期望的益人伦、助教化的现实需要,推动了道教伦理思想的发展,也加速了道教自身的世俗化。

第四节　明代社会与神仙思想的世俗化

道教作为中国本土宗教,虽以长生成仙为核心信仰,具备超凡出世的色彩,但从来没有完全超然于世俗生活之外。随着社会历史的发展演进和道教本身的调整变革,道教入世倾向不断得到加强,顺应了世俗化的潮流。这种世俗化是指道教的神仙信仰、斋醮方术等逐渐深入普通民众生活,进而对民众的生产、生活、心理、民俗风情等产生普遍影响的社会现象。这种世俗化倾向在明代表现得尤为突出,是明朝道教神仙思想发展的一个特点。

---

1 《道藏》第33册,第187页。

一、内在逻辑

明朝道教神仙思想世俗化并非一蹴而就，而是在长期以来道教自身逻辑发展和明朝外部环境因素共同作用下形成的。唐宋以来，道教自身历经了神仙思想变革、内丹术通俗化的逻辑发展，这为道教世俗化进程奠定了基础。

明代道教的世俗化与道教内丹仙学理论的通俗化关联密切。道教世俗化的内在根本就在于道教要改革调整自身理论体系以适应世俗大众的需要。这一调整最典型地体现为内丹术的通俗化与简约化。长期以来，内丹术固守"法不轻传"的信条，使得宋元以来蔚为大观的内丹学理论及其仙道思想的传播主要局限于道教内部，甚或是极小范围内的特定师徒间，通过耳提面命、衣钵相传。为了自神其术，自秘其说，还不免故意做些辞隐意晦的事情。原本道教典籍就充满了各种隐晦难解的术语、秘诀。内丹术崛兴以来，借用了外丹术语，但涵义往往有别，另又创生出大量新的内丹术语，导致内丹仙学典籍隐语连篇，非道教徒无法理解其中真义，这在很大程度上束缚了仙学思想的传播和道教影响的扩展。到了明代，一批道教学者为扩大道教影响、普及道教养生术，都致力于内丹的术语、概念及其仙学思想的通俗化、简约化。从明初张三丰到明后期陆西星等，一大批明代道教学者都努力做了这方面的工作。

张三丰是丹法大家，所著《玄机直讲》《道言浅近说》等，就是要把人们认为深不可测的丹法原理明明白白地直接讲出来，以便众人理解。他对炼丹药物、火候、次第、证验以及过程细节都有详细的解释和介绍。为了便于读者理解，他有时还将丹法术语与佛教和儒家的某些概念比照解释，大大提升了丹法理论的通俗化。他注解"九皇丹经龙虎铅汞论"，为阐明丹法原理，对丹法术语中龙、虎概念及其特性、修炼方法做了详细解释，把辞隐意晦的丹法原理用浅白而生动的语言表达出来，让人一读便晓畅明白。

陆西星（1520—1606），字长庚，号潜虚子，又号蕴空居士，是明代著名道教学者，为内丹东派之祖。其早岁业儒，但九试不遇，于是转而慕道，自称数遇仙人，晚年又参佛。他对内丹学说的通俗化做了很多努力，对《参同契》《悟真篇》《阴符经》等丹道经典一一进行注释，使丹经旨意较前人更为明晰。陆西星的内丹学，宗承南宗双修派，主张阴阳双修。为扩大自己丹法主张的影响，他假借吕洞宾以自重，自称得其真传，并把本来与双修丹法无涉的吕洞宾改造成了实践双修丹法的"花神仙"。陆西星对丹法的理论通俗化、对丹法宣传的庸俗化，使它加速深入民间社会，影响到明代中叶以后逸乐堕落的世风。

在明代文人笔下，内丹术不再繁芜、晦涩，而变得清简、凝练。明人叶子奇说："鼎炉是安身立命也，采药是收精敛神也，火候是操存之意也，沐浴是日新之功也，抽添是勤怠之节也。"[1]他将

---

1 （明）叶子奇：《草木子》，上海古籍出版社2005年版，第29页。

内丹修炼的关键术语精简为几条语意晓畅的注解，不仅易于理解，而且朗朗上口。

明代内丹术的通俗化与简约化，是道教自身逻辑发展演变的结果，是其理论体系的又一次自我调整，它加速了道教的世俗化，使得仙道思想越出了道教的局限，获得更大的传播空间。

二、外部环境

元代道教的骤盛及其与世俗权力格局紧密性的加强等，是道教在上层社会走向普泛化的重要进程。到了明代，当时的宗教政策、商品经济大发展的形势以及由此引发的世风转型等因素为道教在明代加速世俗化注入了强劲动力。

朱元璋曾做过游方和尚，其特殊的经历使他深刻认识到元朝宗教政策上的失误。明帝国建立后，他整顿宗教，加强管理，实行度牒制度。度牒，是证明僧道合法身份的官方凭证，持有度牒者，可以获得免除租税徭役的特权。明初，国家推行考试授牒，合格者发放度牒，不合格者淘汰为民，并切断度牒发放的经济收益链条，免费发放。但是这一制度并未严格执行，历朝不断扩大发放限额，并逐渐放开鬻牒限制，不再免费发放。尤其随着明中叶以后朝廷所面临的边境、财政危机加深，统治者开始大量出售度牒。嘉靖时期，出售度牒已成为朝廷财政收入的常规项目，失去制度设立的初衷，同时反映出政府对僧道控制力的全面削弱。

度牒的滥发滥授，在客观上大大扩展了道士群体的规模，道教宫观自然日益增加，宫观经济体量十分可观。当时有人描绘嘉靖时期仙官佛殿的盛况时，谈到"今公署或圮陋不支，而仙官佛殿乃蔽日造云。士人无百亩之入，而僧道之田遍天下"[1]。道众人数增加，宫观经济繁荣，使得道教在民间的传播和影响也愈发扩大，为道教在明代时走向世俗化奠定了广泛的信众基础和雄厚的物质基础。

自明朝中期起，商品经济呈现出空前繁荣的局面，形成了继西汉、宋朝之后的第三个高峰。商品经济的大发展不仅加强了社会各阶层间的经济联系，更重要的是带来了世风变迁与思想观念的革新。人们更加注重现世利益，功利主义思潮盛行，对物质财富的过分追求使社会呈现出"纲纪凌夷"的道德失落感。顾炎武引论《歙县志·风土论》指出，嘉靖末隆庆间尤为鲜明，那真是一个"金令司天，钱神卓地"的天下。《金瓶梅》中那个集商人、恶霸、官僚于一身的西门庆，早把礼法道德抛诸脑后，大言不惭地宣称："咱闻那佛祖西天，也止不过要黄金铺地，阴司十殿，也要些楮镪（按：指祭供时焚化用的纸钱）营求。咱只消尽这家私广为善事，就使强奸了常娥，和奸了织女，拐了许飞琼，盗了西王母的女儿，也不减我泼天富贵。"作为商人底色的西门庆，可谓明代后期社会观念的一个代言人。他的这番狂言悖论，淋漓尽致

---

[1] 毛伟民等整理、点校：《嘉靖太平县志·丹崖山志·康熙太平县志》，浙江大学出版社2019年版，第188页。

地展现出金钱财富的霸权，使读者窥见当时人们对金钱与道德观念的颠覆性变革。

道教及其仙道思想在这样的背景下，也发生了深刻的变化，道教对现世利益的关注在这一时代显现得尤为突出，社会上尊奉的神仙不再是早期那些逍遥自在的虚幻人物，而是主动介入世俗生活，或占卜吉凶，或辟邪消灾，或救世除难的神异之人。对民众来说，神仙信仰的主要目标并非长生成仙或者获得神仙的超凡能力，而是改善其生活质量，解决实际生活中的问题。比如，为求功名则有文曲星、武曲星等功名神，为求风调雨顺则有雷神，为保护以水谋生和海上旅行者的安全则有河神、海神、龙王等；民众重视道教的养生也不是为了长生成仙，而是为了强身健体、延年益寿。这些变化反映出明代道教神灵崇拜所蕴含的强烈实用性、功利动机。

三、世俗化之形态

道教修行的核心目标是得道成仙。尽管道教众门派教理教义、修行方法各有不同，但他们所追求的修行目标却不外乎不死成仙。道教的神仙信仰从南北朝至隋唐时达到顶峰，大量修道实践在民间传播开来。此时人们不但信奉道教、修炼方术，并开始普遍服食金丹。尽管有许多人因服食金丹而死，但仍有许多帝王显贵热衷，可见神仙信仰之坚定。然而，道教的长生成仙信仰在明代发生了很大的转变，这种转变促使道教由出世思想向入世思想进一步靠拢。当然，这并不是说放弃了成仙的目的，而是更多地介入尘世的生活，并以此作为一种修行。这种动摇拉近了道教与世俗生活的距离，如果说元代道教的贵盛与世俗化倾向主要集中于上层社会的话，那么到了明代，原本盛行于贵族的正统道教普遍地融入民间社会，并塑造了明代独特的社会生活方式。

道教在元代已开始了世俗化、封建化转变，这一点在元朝尤为贵盛的玄教身上最为明显。从成吉思汗时代起，皇帝就不断下诏，保护佛教与道教的特权，佛教徒与道教徒可以不受官府法律制约，高级宗教人士的恩宠超过了公侯百官，玄教第二任掌教吴全节七十寿诞时，皇帝就下令画他的肖像，并让丞相作赞，挂在明仁殿里，然后在崇真万寿宫中大排宴席，公卿百官一起去庆贺，又以盛大的乐队去助兴，整整闹腾了一天；而另一些高级道士，则住在金碧辉煌的宫观里，威势不下王侯。王鹿扇《真常观记》就曾说过："道官虽名为闲静清高之地，而实与一繁剧大官府无异焉。"[1]住在其中的道士，再也不可能"禁睡眠""服勤劳"，清心寡欲，不再只做修性全命的事情了。既然食君之禄，就必做忠君之事，他们自然要参与世俗事务，为皇帝主子分忧解难。

到了明代，道教世俗化在元朝的基础上，进一步深入民间，仙道方术和神仙信仰在更广泛的空间中获得生存，并形成了丰富

---

1 《道藏》19册，第803页。

多样的展现形式。

　　首先，伴随商品化大潮的侵蚀，享乐之风盛行于世，个性解放思潮成为时尚，人的欲望无限彰显，道教房中术上行下效，风靡社会。宋、元时期由于理学的昌盛，道教房中术曾一度退隐。进入明代，尤其是明代中后期，世风骤变，肆意狂欢、纵欲享乐的风气盛行。据记载，明宪宗驾崩时，内监从宫中查得一箧书籍，居然都是房中术；万安作为明代的堂堂内阁首辅，竟是靠进献房中术而得宠。[1] 当时世情小说中充斥大量的艳情描写内容，民间广售春宫秘戏图册，不得不说与道教房中术的盛行有密切关系。

　　其次，炼养术传向社会，在儒士中影响很深，士大夫阶层重视炼养术的实践，并从事养生学著述活动。王守仁、王畿等明代大儒皆曾热衷于道教炼养方术。据说，王阳明大婚之日，没有陪伴在新娘身边，而是一大早出门溜达去了道观——铁柱宫，与铁柱宫道人切磋导引养生之术，相谈甚欢，直到第二天，众人才将他找回。至于扶乩降仙的风气，在道士、儒生中也十分流行，一批假扶鸾所造的道书，如《太乙金华宗旨》《天仙金丹心法》等纷纷面世，或阐述金丹，或宣扬三纲五常，具有三教融合的色彩。另据统计，我国现存的古代养生学著作有210多种，其中明代达120种。可见，明人创作的养生著作占我国现存古代养生著作的一半以上。[2] 在明代三教合一的形势下，这些创作者中很大一部分

---

1 （明）冯梦龙著：《古今谭概》，上海古籍出版社1993年版，第713页。
2 张学梓、钱秋海、郑翠娥：《中医养生学》，中国医药科技出版社2002年版，第23页。

是热心养生学的儒士，比如陈继儒、胡文焕、曹士琦等。

再次，道教神灵走向民间，成为世俗崇信、祭拜的对象。明代大大小小的城镇乡村，真武庙、关帝庙、城隍庙等道教神庙随处可见。道教本是多神信仰，其所信奉的神灵，除最高尊神"三清"之外，还有各种天神、地祇、人鬼及众多仙真等。道教神仙体系在其发展过程中，又和各地区传统习俗相结合，吸纳各种本土神祇入其神谱。比如城隍神，本属一方土地之神，在南京，城隍神是孙策；到了北京，成了于谦；到了杭州，又变成了周新。

明代，由于出身于民间的正一道的贵盛，人们对道教神灵的信仰也达到了空前兴盛的地步，这种信仰和老百姓的生活内容相结合，将古代崇奉的众多的天地神灵大都纳入自己的神灵系统，从而极大地丰富了道教的信仰体系。除对上述各神的信仰外，民间还广泛供奉山神、水神、灶神、土地神、吕祖、妈祖、碧霞元君等民间保护神。这些信仰多与人民的世俗生活有着密切联系，对这些神的信仰使道教信仰深入民间，成为世俗生活的一部分。

道教祭祀活动以年节较为集中，平日也有进行，人数众多的道士已不再深居庙堂、超脱尘世，而是变成了为满足民众世俗信仰而存在的宗教职业人士，因而道教的宗教活动就成了世俗生活的组成部分。

最后，明代对道教神仙形象的塑造呈现出通俗化、世俗化的流变。这里以道教神仙吕洞宾为例。明代以前，有关吕洞宾的传记逸事，多说他如何得道成仙、戒绝酒色，如何点化凡人、度脱众生,如何道法高妙、急人所难,等等,刻画出他乐善好施、济苦度厄的道教祖师形象。通过杂剧的传播手段,吕神仙的这般形象已深入民心,成为道教宣传其宗教学说的一面旗帜。到了明代,当时流行的不少小说和戏剧仍与吕祖有关,但吕神仙的形象却发生了很大转变,除继续表现其道教祖师"神性"光辉的一面以外,吕神仙身上的"凡人情趣"似突然被发掘出来,成了一位绯闻缠身的"花神仙"。

明人邓志谟撰的《吕仙飞剑记》中就有这样的故事。文中第五回中写到吕洞宾漫游南京时,与白牡丹相遇,为其美貌所迷,于是化身为标致的彬彬文士,前去引诱。恰逢其母访友未归,遂得与白牡丹共赴云雨之欢。作为一位有手段的道士,吕洞宾借白牡丹以采阴补阳,白牡丹日渐虚弱。母亲回来后,见状就择日带上女儿去庙中进香。那庙中法师看出破绽,并给她出了主意。当吕洞宾再次与白牡丹行房时,白牡丹按法师所言施行,导致吕洞宾真阳尽泄。吕暴跳如雷,想用剑杀死白氏。白氏道出原委,愤怒的吕洞宾去那寺中寻仇,那寺中的黄龙禅师阻止了吕洞宾的攻击,并斥责他自修路上迷失堕落,收走了他的雄剑,让吕洞宾禁欲清修九年以恢复元气,吕也认识到自己道心未定,同意遵行。

与这则故事类似的情节,在《东游记》中也有体现。吕、白两人浪漫的情色经历,给这位吕神仙赋予了凡俗性的一面,即如常人一般无法断绝情色欲望的诱惑。吕氏的这种形象显然是一反传统的,实则是道教神仙在明代世俗化大潮冲击下的写照。

第八章

清代道教衰落与神仙思想

1644年,清兵入关,明思宗崇祯皇帝自缢而死,宣告明王朝的统治被推翻。清人原居关外,对中原文化存有一定的隔阂,虽然后来的历代清帝多勤奋学习汉人文化,但对汉人的传统道教并不十分热心,主要奉行崇佛抑道的宗教政策,间或有少数高道和教派一时振兴,但整体上难以改变清代道教加速衰落的局面,这些变化对清代神仙思想的演变产生深刻影响。

第一节 帝国的仙佛事

一、从"顺治出家"谈起

我本西方一衲子,因何流落帝王家?

十八年来不自由,江山坐到我时休。

我今撒手归山去，管他千秋与万秋。[1]

　　《清诗纪事》收录的这首传为顺治皇帝所作的《西山天太山慈善寺题壁诗》，语言质朴，直白地流露出顺治皇帝断念凡尘、遁隐空门的志趣。清世祖爱新觉罗·福临，即顺治帝，是清朝入关以后第一位皇帝。他六岁登基，二十四岁驾崩，其短暂的一生与佛教结下了深厚的缘分，为后世留下的"顺治出家"的传说，是史学家孜孜探索的清初"三大疑案"之一。

　　虽然"出家"之事尚未定论，但顺治帝崇佛、信佛无疑是事实。据考证，早在顺治八年（1651）正月，年仅十四岁的顺治皇帝终于安然度过了腥风血雨的政治危机而得以亲政。当年十一月，顺治帝到蓟东一带打猎巡狩，登上了景忠山（位于今河北省唐山市迁西县）。在山中修行的法师性在和尚出洞迎驾，应对称旨，赢得顺治帝的好感。顺治九年（1652），达赖五世不辞万里之遥，应请入京，受清朝册封，并得到顺治帝的丰厚赏赐，确立了清王朝与西藏藏传佛教首领间的政治隶属关系。顺治十四年（1657），二十岁的顺治帝在狩猎归途中，于京师城南的海会寺小栖，遇到了佛教高僧憨璞聪和尚，后者成为顺治帝与佛教真正结缘的引路人。憨璞聪，名性聪，福建延平人，于一年前入海会寺为住持。在这次晤面中，憨璞聪抓住机会迎合圣意，以高深的佛学造诣、得体的言谈举止给顺治帝留下极为深刻的印象。顺治帝开始醉心

---

[1] 钱仲联主编：《清诗纪事·顺治朝卷》，江苏古籍出版社1987年版，第1250页。

佛学，不久就将憨璞聪召入官中，请其讲解佛法，后来还敕封其为"明觉禅师"，派他住持悯忠寺[1]。

在憨璞聪的推荐下，顺治帝又先后召见浙江玉林通琇、木陈道忞等入京说法，并降尊纡贵，以佛门弟子自称，师礼二者。玉林通琇、木陈道忞都是佛教临济宗高僧，在他们的影响下，顺治帝对佛教越发痴迷。

顺治十七年（1660）八月，顺治爱妃董鄂氏香消玉殒，病逝于承乾官，这使年轻的顺治帝陷入极度伤痛之中。顺治皇帝自幼失怙，天性率真而敏感，又在复杂危险的政治斗争中成长，内心本就极端苦闷。而董鄂妃之死，成为压垮其精神的最后一根稻草。在这种境况下，唯有山门之清净、佛法之高妙才可稍慰其精神、暂抚其伤痛。因此，当年十月初，顺治帝下旨让玉林通琇的大弟子茆溪森为自己履行了净发仪式，决意披缁山林，孑身修道。后在皇太后和玉林通琇极力劝阻下，才未正式出家。

顺治十八年（1661），史载因染疾天花，顺治帝病逝。顺治帝笃信佛教，于弥留之际遗愿死后火葬，犹如佛教高僧圆寂火化一般，可谓完成其人生中最后一件崇佛举动，成为中国历史上唯一一位死后火葬的皇帝。

顺治帝的崇佛、佞佛，有其强烈的个人色彩，但其实也离不开清代崇佛传统的影响。清代崇佛是笼络信奉藏传佛教的蒙古诸

---

[1] 悯忠寺即今北京法源寺前身，最初是唐太宗为纪念东征阵亡将士而建，雍正帝时改名为法源寺。

部落的重要政治手段，同时崇佛文化也深刻影响到历代清帝的思想。早在十七世纪初，喇嘛教就已传到关外，努尔哈赤曾在赫图阿拉（俗称老城）城外兴建佛教寺庙；其子皇太极即位后，继续奉行其父的崇佛政策，不断赐银以兴建或重修佛教寺庙。顺治之后的历代清帝也多有崇佛举动。比如康熙皇帝出巡时，常住在名山巨刹，热衷参礼佛寺、延见高僧；雍正帝更是以禅门宗师自居；乾隆帝则不惜人力和物力从事刻经、译经活动，宣布藏传佛教为国教，还留下不少清宫佛事活动的记载。

相较而言，清廷对道教的态度则不够友好，表现为对道教的扶持大为减弱而限制防范却不断加码。清初的顺治、康熙二帝因入主中原不久，从笼络汉人的角度出发，对道教抑制程度较为宽缓，既对正一教颁赐敕谕、礼遇真人，同时又严格限制其权力；雍正帝虽有扶持道教、宠遇高道的举动，但在官方层面不愿染指"崇道"的名声；乾隆帝开始加强对道教的贬抑力度，一度将正一真人的品秩由二品降为五品，不得入朝臣班列，并对道教活动加以限制；此后的嘉庆、道光皇帝对张天师的地位继续贬降，甚至禁止其入京朝觐，断绝其与朝廷的关系。鸦片战争后，清政府苟延残喘，道门更是凋零日衰。咸丰、同治年间的太平天国运动，沉重地打击了江南地区原本昌盛的道教。

二、清帝中的例外

清王朝统治时期，最高统治者对道教多采取笼络利用和限制贬抑的政策，但雍正帝却是其中的例外。他是清帝中唯一真正优待、扶持道教的皇帝。他不仅好佛教，对道教也感兴趣，能站在三教同源的角度，认识到道教亦有所专，亦有所长。史料中留下了不少关于他与道人羽士交集、恩宠道士娄近垣以及迷恋仙丹方术的记载。

雍正帝和道门的结缘，早在其皇子时代就开始了。康熙后期，诸皇子明争暗斗，图谋皇位，出现九子夺嫡。当时的雍亲王胤禛是争夺皇位的有力竞争者之一，在斗争形势未分胜负的情况下总想预知自己的前程。据史料记载，戴铎是雍亲王胤禛的心腹近臣，于康熙五十五年（1716）外放福建任职，曾在武夷山偶遇一道人。此人行踪怪异、言谈不俗，引起戴铎的注意。他在给主子的信中提及此事，引起了雍亲王的兴趣，回信让他细说此事。戴便将自己替主子向道人问卜，道人卜占出"万"字的事情告诉雍亲王。"万"字卜在一个处心积虑谋夺大位的皇子身上，自然意义非凡，这让前途未明的雍亲王振奋不已。

雍亲王位登大宝之后，对道教兴趣十分浓厚。据记载，雍正帝特别景仰宋代高道张伯端，赞赏他发明了金丹要领，封他为大慈圆通禅仙紫阳真人，还命人修缮其故居，并为之兴建道观、亲书碑文，以表达对他的崇祀。北京故宫博物院现藏有《胤禛行乐图册》，其中多幅图表现了雍正帝穿着道士服装、与道士交往的情态，或手握麈尾，或濯足清流，或看云观山，颇有些仙风道骨之姿和淡泊隐逸之情，从中可以窥见雍正真实的内心追求以及其与道教的丝丝联系。

雍正热衷访仙求道，恩宠道士。雍正帝是非常勤政的皇帝，长年身体积劳，到了天命之年，健康状况出现了严重的问题，身体日趋衰弱。道教以长生为信仰，发展出一套养生方术，常为帝王贵胄们所追捧、青睐。晚年的雍正帝为病痛折磨，自然想延请仙道异能之士，为自己除疾去病。现存清宫档案就有关于雍正在患病期间，多次谕令近臣访求仙道术士的记载。后来，入京的龙虎山道士娄近垣，以符水为其疗疾有验。雍正对其恩宠不断，命赐四品龙虎山提点，敕封"妙正真人"，可谓宠遇加身。

另外，雍正曾敕命大修龙虎山上清宫。龙虎山为道教祖庭，高道代出，至明代已形成"三派三十六道院"的格局，是名副其实的"仙灵都会"。但明末以来，战乱的破坏使得三十六道院倾塌、荒废了很多，至康熙年间仅存下十三院。雍正九年（1731），谕令以库银十万余两大修龙虎山宫观，历时十个月，既对原有的殿宇进行修整，又新建了斗姆宫及其配殿，累计新修和重建了二十四座道院，这是清代历史上规模最大也是龙虎山历史上最后一次大规模的宫观修建活动。由此可见其对道教的扶持。

自古帝王大权在握、富贵加身，无不想长生不老。身体有恙的雍正帝颇有唐代帝王的风范，十分迷恋仙方，热心炼丹，并服食丹药。据学者考证，雍正帝早在藩邸时期，就对道家炼丹充满兴趣，为此还专门写过一首《烧丹》诗，描绘了丹道烧炼活动。雍正烧炼之事虽不见于正史，在但清宫秘档中，仍可找到一些证据。据考证，至迟自雍正八年开始，他在圆明园中已召请道士从事烧炼活动了，且这炼丹之火直到雍正暴卒一直未熄。另外，至迟从雍正四年开始，他就经常服食道士炼制的一种丹药"既济丹"。他自我感觉服后有效，还将丹药赐给宠臣服用。

雍正之死可能与服丹中毒有关。[1]根据有关史料记载，雍正十三年（1735）八月二十一日，"上不豫"，但依旧能正常接见大臣。第二日，病情突然加重，于是急忙召见宝亲王弘历（皇四子）、和亲王弘昼（皇五子）、大学士鄂尔泰等人，宣布传位于弘历，并于当日深夜死亡。雍正帝从发病到死亡，前后不过两日，称得上是暴死，这给他的死因笼罩了一层神秘色彩，以致当时京师中便谣言迭起，猜测纷纷，终成悬案。从现有史料来看，他死于丹毒的可能性最大。雍正不仅召请道士炼丹、向臣工赏丹，还亲自服丹，而丹药毒素的长期沉积，会对身体产生极大损伤。在他死亡的当月，他还曾传旨在圆明园用牛舌头黑铅二百斤炼煮。驾崩第二日，刚刚即位的乾隆皇帝就专门下诏驱逐道士张太虚和王定乾。对他们未加诛杀，正可能出于隐晦丹毒暴死的真因，以

---

1 参见李国荣：《雍正与丹道》，《清史研究》1999年第2期。

免传扬出去成为世人笑柄,正如当年唐太宗中丹毒暴死而加以隐晦一样。

雍正,这位清帝中的例外,给下滑的道教带来了回光返照,从皇家的庙堂宫苑到民间的观宇洞天,道徒方士身价倍增,一时间道风重振。但这种喘息稍缓的间歇,随着雍正的暴卒遽然而止,终无法改变清代道教衰落的大势。

三、僧不僧　道不道

明清以来,在社会上僧道混同的现象十分普遍。所谓"僧不僧,道不道",是指两者之间没有截然分割的界限,而是互相纠葛,彼此配合,你中有我,我中有你,难以分清。

《红楼梦》是我国古典小说的精粹,也是清代小说的代表,它真实地反映当时的世情生活,深具佛道文化的底蕴。"一僧一道"穿插在小说情节中,《红楼梦》开篇处,就有一僧一道联袂而来,诉说那"红尘中荣华富贵",动了女娲补天所剩之顽石的凡心。在顽石苦苦央求下,那和尚施展法术,才将一块巨石变成鲜明莹洁的美玉,又缩成扇坠大小的佩玉,并且镌有"通灵宝玉"四个字,带它到滚滚红尘去了——这便是贾宝玉落草时嘴里衔下来的那块玉。通过一僧一道交代了整部小说的缘由。在接下来的情节中,一僧一道和小说主人公的命运经历紧紧地联系在一起,他们的所言所行,宛如画龙点睛,埋下情节发展的伏笔,可谓僧道仙佛之间配合得天衣无缝。

《红楼梦》中有一道观,名叫清虚观。可细细看来,这座清虚观中既有道士,也有僧人。《红楼梦》第二十八回,提到贵妃贾元春让夏太监送来一百二十两白银,让贾府在清虚观连打三天平安醮,并要唱戏献供,让贾珍领着府中众子弟"跪香拜佛"。打醮是道教求福禳灾的一种法事活动,而拜佛又是佛门礼仪,少不了和尚的身影。

僧道仙佛间的配合,其实是明清以来三教合一的反映,仙佛之间并无边界明显的分野。《红楼梦》第二十九回中,张道士来贾府提亲,在给贾母请安纳福时,竟哈哈笑道:"无量寿佛。"[1]而第十二回中,贾瑞因贪图美色被凤姐戏弄后不久染疾,日渐沉重。一日来个化斋的跛足道人,自称专治冤孽之症。贾瑞拉住跛足道人时,却大叫:"菩萨救我。"[2]第十三回中,秦可卿出殡当日,既有一班和尚,又有一班道士,僧道并用,且对坛榜文大书:

> 四大部州至中之地、奉天承运太平之国,总理虚无寂静教门僧录司正堂万虚、总理元始三一教门道录司正堂叶生等,敬谨修斋,朝天叩佛。[3]

僧录司当属佛家,道录司当属道家,佛道两家成了亲密合作

---

1 曹雪芹、高鹗:《红楼梦》,人民文学出版社1982年版,第166页。
2 3 《红楼梦》,第166页、第181页。

的两兄弟，不仅一块做法事，而且一起出榜，一起"叩佛"，真是你中有我，我中有你，你我难分了。

僧道不仅是同命运，共进退，而且还可以轻松完成彼此身份的相互转换。清代文学家袁枚的《子不语》卷十七，记载了这样一则故事：陕西兴安州的某人，六月娶妻，正逢暑热，加上路途遥远，结果新娘坐在车子里猝死了。新娘的棺木暂时停放在城外的一座古庙里。由于棺材不够结实，正好天降暴雨，冷气冲到了棺材里，新娘竟然复活了。庙里有师徒二人，听到声响后救出了女子，并抱进了寺庙里休养。那个徒弟动了坏心思，想要霸占这个女子，就让师父买酒，乘其半醉之时，用斧头砍杀了师父，把师父的尸体装进原来的棺材中。自己则背着女子跑到了邻村的文昌祠，留起了头发，变身成了住家道士。

离开文学，回到现实。由于当时佛道融合趋势的进一步加强，不少玄门高道不断接触、学习佛法，熟知三教之理，在传戒布道中往往佛理与道法并用。比如，道士娄近垣随侍雍正帝习禅多年，学识渊博又了解时势，他不炫言道教炼气修真和炼丹法术，而是侈谈禅趣，喜欢掉弄些禅宗话头，写些禅偈，以奉承圣意。他的《快活歌》，还被收入专集禅宗语录的《御选语录》之中。再比如，清代全真教第七代祖师王常月模拟禅宗六祖惠能的《坛经》，炮制了《碧苑坛经》，并屡言心法真言，讲"苦海无边，回头是岸"，讲"皈依三宝""舍绝爱缘""清净身心"，把他的初真、中极、天仙三坛大戒与佛家的戒、定、慧统一起来，分不清是道义，还是佛旨，既像道教祖师在传法，又像禅宗和尚在说话。同样，佛教的庙宇和道教的宫观，也出现混融合一的现象。比如，三圣堂是道观，可供的却是孔子、如来和老子；朝云寺中，既有大佛殿，也有三清宫。

佛、道二教在这一层次上的混合和世俗化进程的演进，一定程度上造成了信仰上的混乱和实用理性的盛行。除了少数有较高文化修养的人之外，大多数的普通信众已经无法分清哪个是佛门的菩萨，哪个是道家的真人，对其中的教理、教义更是无从分辨。比如民间盛行的驱邪治病，往往是既拜菩萨，又求神仙，无论是观音还是老君，城隍还是阎罗，求到谁算谁，关键是治好了病就行。信仰的功利性目的成了第一位的，应验就是最大的满足，信仰自身的价值反而大打折扣。佛道的混融和世俗化以及与其他各类民间信仰的广泛合流，反过来冲击着道教信仰的理论体系，促使道教神仙信仰呈现出儒道释并存现象，推动了后世道教在神谱、仪式、方法上的改变。

第二节　龙门派崛起与王常月的仙道思想

明代以来，全真道的发展转入长期沉寂，主要是在民间私相传授，秘密流行，形成大大小小的多支宗派。龙门派是全真教的一支，在清初顺应时势，通过公开阐教活动，汇聚了大批信徒，打破了原来的沉抑局面而遽然振兴，并带动全真教整体渐呈复苏之势。

一、龙门派的由来

龙门派本是全真教发展过程中衍生的支派，但到了清朝成长为全真教最主要、最兴旺的一支，俨然是全真教的"正宗"。道教界一般认为，龙门派最初由全真七子之一的邱处机所传。[1] 因邱处机曾隐修于陇州龙门山，故得名"龙门"。

龙门派奉邱处机为开派祖师，并演绎了自身教派的传承体系。据闵一得《金盖心灯》记载，明清以来，龙门派出现"龙门律宗"的传承谱系，至清初龙门中兴之主王常月，共历七代律师，分别为赵道坚、张德纯、陈通微、周玄朴、张静定、赵真嵩、王常月。其实，龙门派内部因对教义、教理的理解和传授侧重不同，又可细分为许多小的支派。律宗是其中之一，以偏重严持戒律、崇尚"戒行精严"为特点，故被称为龙门律宗。

据传，龙门律宗第一代律师赵道坚（1163—1221），原名赵九古，生活于金末、元初，出身于仕宦家庭，但少好老庄，有升虚之志。他十四岁时便出家入道，后听闻全真七子演教，便独携

---

[1] 据有关学者考证，龙门派并非创自邱处机，而极可能是全真教在伴随元朝政权灭亡转入沉寂后，在明代生存环境危机重重下，经过全真教自我革新和调整而诞生出的新支派。参见王志忠：《道教龙门派源流考略》，《世界宗教研究》1997 年第 2 期。

瓢笠，拜投邱处机门下。邱祖对他十分器重，收为弟子，取名为道坚。此后数十年间，他一直随侍邱祖身边，协掌教务。1211年，邱处机决定西行朝见成吉思汗，赵道坚奉师随行，经过艰辛跋涉，于当年11月在西行途中病逝于中亚赛蓝城（今哈萨克斯坦奇姆肯特附近）。由于赵道坚与邱祖关系密切，颇受重用，生前即在众弟子中声望很高，死后更不断被神化。当全真教的各宗派在明末清初渐呈复兴之际，赵道坚很适合作为宗派谱系传承的人选，故而被推崇为律宗第一代律师。

龙门第二代律师张德纯，出身于洛阳的富有家庭，大约活到元末。根据赵道坚逝世的年份，可以推断龙门派关于赵道坚传法于张德纯的说法难以为凭，张德纯的事迹也难以全部凭信。据记载，元至正二十七年（1367），张德纯传于第三代律师陈通微。自第三代开始，已进入明代。这一时期的全真教发展已转入低谷，从第三代律师陈通微至第六代赵真嵩，道教史料关于他们行迹事状的记载简略，也缺少足够的佐证材料。这本身反映出当时全真教面临的发展处境十分艰难，可谓玄门零落、仙踪难寻。

1644年，甲申之变迅速改变中原形势，明王朝崩溃，大顺政权迅速瓦解，关外清兵入关、定鼎中原，清王朝的统治开始了。革故鼎新的王朝变换，为全真龙门派的崛起带来了新机。

二、王常月："龙门中兴"之祖

王常月（？—1680）为清初龙门派第七代律师。俗名平，法名常月，号昆阳，潞安府长治（今属山西）人。其生平事迹主要保留在《金盖心灯》卷一《王昆阳律师传》、《道统源流》卷下《王昆阳律师》、《北京白云观志》卷四《昆阳王真人道行碑》等资料中。根据相关资料记载和有关学者考证，他出生于明末乱世，少喜读书，尤好老庄之学，弱冠之年即不辞艰辛，遍游名山，访求高道。后于王屋山（山西阳城县西南）初逢龙门六祖赵复阳（名真嵩，号复阳），求为弟子。赵见其诚恳向道，遂收为弟子，并授以戒律，命名为常月。

王常月于赵处受教后，又辞行并周流于名山之间，孜孜搜览、奋读三教经书。前后历时八九年之久，参师二十余处，印证五十余人。当时正逢乱世，九宫山一带（湖北通山县南）多有异人隐居，王常月听说后就前去探访，复遇其师赵复阳。复阳祖师就授以天仙大戒，传其衣钵，王常月得其领要。别师后，又至华山隐居多年。

清顺治十二年（1655）秋，王常月北上京师，挂单灵佑宫。适逢全真道祖庭北京白云观在明末李自成破北京后已荒芜，仅一俞姓居士留居其中。俞居士请常月住白云观，任方丈。次年三月，王常月受到顺治皇帝的支持，奉旨说戒于白云观，开坛说戒凡三次，收弟子千余人，荣膺"国师"封号，一时间道风大振。

为加快教派的发展，王常月除在京师授徒之外，还不辞辛劳地周行于各地间传戒布道，积极扩大教派的影响力。康熙初年，王常月亲率弟子詹椿、邵守善等人南下至江苏的茅山和南山、浙江杭州宗阳宫、湖州金盖山等地收徒传戒；后又长途跋涉至湖北武当山，传龙门三坛大戒，度弟子甚众。在王常月师徒的积极活动下，南方道士纷至沓来，龙门派在南方也迅速崛起。许多原属正一派的名山，也陆续改换门庭，皈依全真龙门派，故当时有"龙门、临济半天下"之叹。王常月的努力，使得久衰的全真龙门派重新焕发出勃勃生机，他因为重振教门的贡献而被后世道徒誉为龙门"中兴之臣"。

王常月不仅授徒传戒，还对道教理论的发展做出了贡献。他在南京收徒传戒的记录，被弟子们辑为《碧苑坛经》(或称《龙门心法》)二卷，成为又一部道教经典。《碧苑坛经》对全真道教义、教理做出了适应时代发展需要的调整和改革。

康熙十九年（1680），王常月传衣钵于弟子谭守诚后，驾鹤西归。王常月仙逝二十多年后，康熙皇帝还敕赠其"抱一高士"的称号。

三、王常月的仙道思想

龙门派无疑是清代全真教的"正宗"，而王常月无疑是龙门派的灵魂人物。王常月的仙道思想，是有清一代龙门派教理、教义发展的代表。弟子们所辑的《碧苑坛经》，集中反映出其仙道思想的面貌。

首先，抛弃道教传统长生信仰，宣扬"法身长存"。王常月认为，常人看重的血肉之躯，不过是幻假的色身，色身终究免不了轮回生死；纵使色身延命长久，不过是个妖而已。而真正不死的只有真性法身，延生不是祛病延年、长生不死，而是长存法身。教徒修炼，就是要看破色身，度脱法身，通过心性的修炼达到精神的解脱。

王常月所说的"法身"实际上是一个精神实体，无形无相，是真性的体现。"法身"说的由来，可以追溯至全真初祖王重阳。王常月踵继其祖，又明显地融合了佛教"三身"说和儒学的有关思想，对道教传统的长生思想做了大胆扬弃。

其次，倡导"戒行精严"。龙门派既然称为"律宗"，可见对戒律非常重视。王常月早年游历名山大川，目睹道门零落，有感于戒律威仪不显于世的悲哀，深刻体会到道门戒律的重要性。他传教之初，即倡导"戒行精严"，不吝口舌、大费周章地阐论"戒"的重要性，比之为"降魔之杵""护命之符""升天之梯""引路之灯""仙舟宝筏""慈航津梁"，视守戒为修道者之第一要义；把持戒与修仙紧密联系，强调学道不持戒，则无缘登真仙，持戒守戒是登仙证道之阶。"戒行精严"即要做到一丝不离、一毫不犯、始终不变、穷困不移。王常月倡导"戒行精严",是希望通过严持戒律,来重树道门风气,扭转道门颓势。

再次,强调修炼的次第。他将入道学仙的次第分为"二十要",即按皈依三宝、忏悔罪业、断除障碍、舍绝爱缘、戒行精严、忍辱降心、清净心身、求师问道、定慧等持等依次修行。王常月公开传授的三坛大戒,同样有着先后次第的要求:修道者应严持初真、中极、天仙三级道戒,逐级渐进,不可跃迁。初真戒在于拘制色身,不许妄动胡行;中极戒在于降服顽心,不使妄想胡思;天仙戒在于解脱真意,破除执着。三级之间由浅入深,由低到高,逐次修持。

从次,宣扬修行人道是修行仙道的前提。王常月借仙师之口提出,修人道是修仙道的前提和基础,人道未修好,就谈不上修仙道了。为此,他融合儒家的齐、治主张,将齐家比作人道,治国比作仙道,既然家齐才能治国,故而尽人道才可能修仙道;他还把忠君事亲等世俗的纲常伦理,直接纳入修道体系中,其三坛大戒就充斥着大量的儒家忠孝伦常观,这些世俗纲常成了修道者的持戒要求。

最后,宣扬济度众生。济度众生可以说是宗教天赋的社会关怀,龙门派也不例外。王常月一方面要求玄门道徒出世修行,严守戒律;另一方面又表现出积极的入世关怀,宣扬济度众生。他认为,儒释道三教圣人皆立教传经,目的就是为了度众生,在这一点上可谓殊途同归。成仙做佛也好,为圣为贤也罢,都要舍己从人、济度众生。他要求在完成"度己"的功夫后,还要度众生,只有这样才能真正实现功德圆满而位列仙班。

　　自明代以来,全真教转向地下发展,开始长期秘密地流传。在明清革代完成、政治形势日趋明朗的新形势下,王常月敏锐地看到并抓住了重振教门的机会。他一方面对全真教教理、教义进行了调整和扬弃,将儒家纲常伦理、佛教教义有机地融入全真教中,调和世法和教义,使其在阶级、民族矛盾重重的新时代环境下,赢得了清朝最高统治者的青睐,获得了生存转机;另一方面,他革新了传教方式,公开授戒、登坛说法,改变了此前师徒授受、口口相传的秘密传教方式,可谓大开传教之门,形成轰动效应,让此前沉寂许久的龙门派在较短时期内迅速崛兴。

第三节　蒲松龄与仙话故事

　　蒲松龄(1640—1715),字留仙,一字剑臣,号柳泉居士,世称"聊斋先生",清代著名文学家、短篇小说家,山东淄川(今山东淄博市淄川区)蒲家庄人。他出身于家道中落的地主家庭,其远祖曾于元代担任相当于知府这一阶的官职。其高祖、曾祖是读书人,并取得过廪生、庠生之类的功名,祖父、父亲也曾读书求学,但都未取得过功名。从这点看,蒲松龄也算得上是出身于"书香继世"的家庭。

　　其父蒲槃功名未遂,深有遗憾。为维持生计,蒲槃二十多岁时不得不弃儒经商,数年间竟治业起家,成为乡间富户。境况的改善,使其重燃希望,把求取功名的夙愿寄托于子侄辈,并亲自教读。蒲松龄从小聪明好学,尤得父亲钟爱。在父亲的教导下,他自然也热衷于功名。顺治十五年(1658),蒲松龄十九岁,参加科考,以县、府、道三个第一的优异成绩,补博士弟子员,深得当时山东学道施闰章的赏识,一时间暴得大名,迎来人生中的高光时刻。但自此以后,蒲松龄似乎用尽了运气,虽逢科必考,但每每败北,考了五十多年,还只是个老秀才,成了不能中举的"范进",功名困顿是蒲松龄抹不去的底色。

功名不就的蒲松龄,生计日渐艰难,加上兄弟分家析产,生活不免陷于穷愁之中。五十多年间,除依靠微薄田产外,他主要以坐馆教书维生,也短期担任过幕僚。在这样困窘、悲苦、孤愤的煎熬中,蒲松龄通过写文创作来寄托人生感悟和所思所想。《聊斋志异》(以下简称《聊斋》)就是其代表作,成就了其不朽的文名。《聊斋》记述了不少仙话故事,刻画了许多充满着仙气的花妖狐媚的生动形象。

《聊斋》卷五《鸦头》记述了一位狐妖和凡人之间的爱情故事。狐妖名唤作鸦头,狐母逼其在青楼为妓,但鸦头内心不愿,宁受鞭楚也不肯屈从。她十四岁时遇到游历于此地的书生王文,与之相恋并私奔。但好景不长,鸦头被狐母抓回,备受折磨,并被禁闭幽室,但不改情志,其间诞下一子——王孜,后者流落到育婴堂。王文苦恋鸦头多年,虽多方寻找,但仍不知其踪。后王文在育婴堂与王孜相遇,抚养他长大;王孜性格勇武,专能杀狐,十八岁时成功救母而回,一家团聚。

鸦头是《聊斋》里的狐妖典型。在以往的此类小说中,这类鬼狐妖精是专门害人的,是被批判和谴责的对象。但《聊斋》对这些异类形象进行了"仙化"处理,狐魅成了"狐仙",既具备了人性中可贵的善良与坚贞,也同时被赋予了不凡的仙家品格和本领。小说中在描述她的容貌时,说她"眉目含情,仪度娴婉,实神仙也",不啻为仙家女子;在与王文出奔时,她又能施展法术,在仆人的腿和毛驴的耳朵上系上符,居然能使毛驴飞奔起来,快到连眼睛都睁不开。

除了人妖相恋外,蒲松龄还写了人鬼相恋,其中最负盛名的当数《聊斋》卷二《聂小倩》。二十世纪八十年代,著名香港古装爱情电影《倩女幽魂》就是根据《聂小倩》改编而来。《聂小倩》讲述了品性刚正端方的宁采臣,在金华城北的兰若寺偶遇女鬼聂小倩后,两人发生了一段人鬼相恋、旷世奇缘的故事。小说中的聂小倩,十八岁时夭亡,葬于兰若寺旁,成了孤魂女鬼。小倩受到夜叉的压迫威胁,靠色相害人以供驱使。在宁采臣的感召下,小倩决意自新,恢复了善良纯朴的本性。小说中还刻画了剑客燕赤霞的形象,他实际是一位法术高强、能捉妖驱邪的高道。在他的帮助下,宁采臣和聂小倩躲过了夜叉的谋害和追杀。宁采臣可怜小倩遭遇,掘出小倩尸骨,并带回自己家宅不远处安葬。自此,小倩就与宁家一起生活。宁妻病故后,宁采臣就娶小倩为妻,成就了团圆美满的结局。

聂小倩是《聊斋》里的女鬼典型。她本性温婉善良，虽为鬼魅，但能决意自新，并能知恩图报，善事宁母，其贤良淑德胜过人间女子，既打动了宁母，也赢得了宁采臣的尊重、爱怜。作者在描述聂小倩出嫁时，说她身着华丽的衣服，众人见了，"反不疑其鬼，疑为仙"[1]。聂小倩由过去的"鬼"，变成了现在众人眼中的"仙"，这种身份认同上的转变，体现出作者对女鬼"仙化"处理的善意用心。

蒲松龄用自己的生花妙笔，将这些狐鬼异类女性的美好、坚贞、勇敢、智慧与独立的品性刻画得生动而细致，对她们充满了同情、尊重、欣赏和爱怜，寄托了作者的爱情理想，她们成了人间男子可妻、可友的难觅佳偶和知己；同时通过对其"仙化"的处理，将对她们的褒扬之情升华到更高的境界，她们身上显现出凡常女子所不具备的超脱、飘逸与空灵的情韵和独特魅力，幻化出令人称羡的仙家女子的气韵。

蒲松龄还写下不少以游仙出世为主题的作品，寄托了他希图挣脱现实苦难和束缚，追慕自由、驰骋仙界的浪漫情怀。

《聊斋》卷十《贾奉雉》记述一位才华出众、名冠一时的书生贾奉雉，本想凭借真才实学博取功名，但却屡试不中，悒悒不得志。在仙人郎秀才的指导下，他把那些落榜文卷中的庸烂浮泛、空洞无物、冗长乏味的句子拿来连缀成文，并记诵下来。在秋闱

---

[1] 于天池注，孙通海、于天池等译：《聊斋志异》第1册，中华书局2015年版，第335页。

大考中,他竟凭这些文章得中经魁[1]。内心惭愧又耻辱愤懑的他自觉无颜面对同人,便遁迹山林,追随仙人而去。可惜俗念未断,只得从仙山洞府重返人间。回到故乡的贾奉雉,才发觉原来仙山只一日,人间已百年。家中早已面貌大变,但见房垣零落颓败,孙辈们家业穷蹙、生计艰难。面对窘状,贾奉雉不得已复理旧业,连捷,登进士第,并官运亨通,仅数年便官高爵显。贾奉雉为官刚直,不畏权贵,得罪了很多朝中大僚;加上孙辈中的不肖者打着贾奉雉的旗号为非作歹,不久便祸乱及身,被充军辽阳。历经这些事后,他终于意识到富贵荣华不过是地狱境界、梦幻一场罢了。幡然醒悟的他,彻底摆脱世间的烦恼、羁绊,成仙而去。

贾奉雉的故事,继承了中国古代仙传文学的传统,按照"遇仙—游仙—重返人间—成仙而去"的线索演绎出相应情节。但这篇仙传故事的意义却不同于以往的同类作品,贾的成仙而去并非为了宣扬神仙实有、成仙可求,而是意在说明成仙是贾在经历残酷现实而产生幻灭感后的无奈选择和理想寄托,反映出那一时代文人士子的精神苦痛和现实遭遇,具有强烈的现实批判精神。

《聊斋》中的仙传故事生动地刻画一众神仙、道士,他们大多仁慈善良、疾恶如仇,敢于同邪恶力量做坚决斗争;他们足智多谋、混迹俗世,乐于助人,扶弱济贫。

《聊斋》卷一《画皮》中的疯癫道士,行乞街头,行为怪诞,

---

[1] 明清科举,分五经取士。每科乡试及会试,各于五经中取其第一名,称作"五经魁首""经魁"。此指乡试经魁。

"颠歌道上,鼻涕三尺,秽不可近""时卧粪土中",[1]令人不敢近前。但他却能咯痰化心,让王生起死回生。《聊斋》卷四《寒月芙蕖》里的济南道人,赤脚行市,夜卧街头,擅长幻术。他让黄绦化为蛇,惩治了市井无赖;又捉弄了吝啬的济东道道员,偷了他的家藏美酒。《聊斋》卷七《巩仙》成功塑造了一个法术高强、亦庄亦谐的道士形象。他能以幻术游戏权贵,惩治鲁王府中贪财势利的小人,出尽了其洋相;又施展"袖里乾坤"的法术,使得曲妓惠哥与尚秀才二位有情人钻入他的袍袖中幽会,促成了二人姻缘。

蒲松龄笔下的这些神仙道士,极富生活气息,他们不再隐身于仙山洞府、难见真容,而主动步入市井百姓之家,以其道行法术惩恶扬善、扶弱济困,反映出作者寄托于仙道的济世、救世思想。蒲松龄虽非道教信徒,一生长居乡间,但他所创作、记述的这些仙传故事,正是当时民间社会对神仙、高道的普遍认知,传达了对仙道理想的某种期许和社会信仰心理,极具代表性。

第四节　积善成仙与道教善书的仙道伦理

一、"三圣经"与道教善书的由来

《红楼梦》中"四春"之一的贾迎春,是一位善良老实、结

---

[1]《聊斋志异》第1册,第246页。

局凄凉的贾府二小姐,她常常翻看的一本书,叫《太上感应篇》;同书第十一回讲到贾府庆祝贾敬寿辰时,贾敬要求晚辈急急地刻出《阴骘文》,并印出一万张散人。《阴骘文》的全名叫《文昌帝君阴骘文》,与前面的《太上感应篇》以及《关圣帝君觉世真经》(简称《觉世经》),并称为道教的三大善书。因其流布广、影响大,晚清以来,人们常将这三部善书结集刊出,并以"三圣经"命名,故它们又有了道教"三圣经"的地位。

"三圣经"是道教善书的代表。善书,也称作劝善书,顾名思义,是指引导、规劝人们向善行善、从善去恶的道德教化书。中国传统文化的三大主干儒、释、道,均有自己的善书,而道教善书是其中出现最早、影响较大的一类。一般认为,善书正式出现在宋代,以《太上感应篇》的出现为标志。该书被推誉为"古今第一善书""善书之祖",而它正是一部道教善书。道教善书具有善书的一般特征,通俗性强,流布广,宣扬善恶报应等;同时又具有道教的宗教性特点,常常以道教神仙的口吻说教训导,其思想内容与道教的教理教义有着密切关联。

据研究,道教善书可以分为说理性、操作性、纪事性和惩恶性四种类型。[1]前述的"三圣经"属于第一类;记录善恶功过的簿册——功过格,属于第二类;讲述劝善惩恶之类灵验故事的,属于第三类;描述地狱情形以警示作恶者的,属于第四类。这四种类型构成了道教善书的完整体系。道教善书在传播过程中采取了

---

[1] 参见陈霞:《道教劝善书的界定及主要特征》,《宗教学研究》1998年第3期。

丰富多样、更加直观的形式，比如说唱表演，扶鸾降书，内容诗歌化、图像化等，这些手段使得道教善书更易于被民间社会的下层群众广泛接受。

宋元以来，道教善书逐步走上世俗化的发展之路。从早期道教善书的说教内容和施教对象来看，它主要是作为教内典籍，常以道教神仙的名义降授，受众主要为道教徒和信众；到了后期，尤其是明清以来，道教善书中圣、仙、佛并存，往往是披着道君的外衣，内衬却是儒家的纲常名教，并援引着佛教的因果报应观念，各自的说理相互印证、彼此会通。这实际上契合了当时三教融合的大势，三教一理的世俗化浪潮显然反映在善书内容的制作上，此可谓三教联手，共赴劝世的事业大潮之中。

历史上，善书最盛行的时期是明末清初时期。这一时期善书创作的数量多而集中，善书在社会流布的范围广、影响大，并演变成一场轰轰烈烈的"劝善运动"，成为中国近世社会思想领域非常值得关注的现象。这一时期流行的善书，很多属于道教善书。由于三教融合趋势不断强化，造作、注解、援引道教善书者，早已突破门户之见的壁障，从玄门道徒、佛门高僧，到儒门精英，纷纷加入。

明末清初特殊的时代环境造就了当时社会上善书大流行的局面。[1]首先是源自社会内部的深重危机和矛盾。明末以来，社会危

---

1 关于明末清初善书现象的分析，可参见李为香：《明末清初善书风行现象解析》，《东北师大学报》2008 年第 2 期。

机四伏,土地兼并,小农破产现象十分严重,社会上礼制破坏,世道浇漓。加上明清鼎革之际,战乱频繁,杀戮不止,民不聊生,社会正常的秩序和伦理遭到严重破坏。无论是身处乱世中的道德自救,还是清廷入关后的礼制重建,都需要在思想领域进行一场革新洗礼,这为善书的流动带来了适宜的时代土壤。其次,明中期以来,商品经济的大发展,带来阶层结构的变迁,地域性商人集团形成并壮大。商人和商业行为的逐利本性需要有一定伦理规则的约束与引导。善书中大量关于诚信经营、取财有道的劝世箴言,正是缘此而生,呼应了商品经济大发展的时代需要。同时,善书中关于劝导商贾积善累德可得富贵福报的利诱性生动事例,辅以神灵的惩戒威慑,极容易打动商人,并伴随商人跨地域流动,这也加速了善书的刊刻与流布。

二、积善成仙的仙道伦理

"救蚁中状元之选""埋蛇享宰相之荣"[1]是道教善书《阴骘文》记录的两则历史传闻故事。前一则故事是说,北宋的宋郊、宋祁两兄弟,同在太学读书,有一个僧人给二人面相,预言哥哥宋郊只能登科甲,而弟弟宋祁则能中状元,但科试的结果却是宋郊中了状元。原来是宋郊曾在一次大雨中救下了被水淹的蚂蚁,积累

---

[1] 唐大潮等:《劝善书注译》,中国社会科学出版社2004年版,第54页。

了阴德所致。后一则故事是说，春秋时期的楚人孙叔敖，儿时外出玩耍，曾看见一条两头蛇。当时人们认为人若是遇到两头蛇，就一定会死。善良的孙叔敖怕后来者再见到毒蛇，于是杀掉毒蛇并掩埋了它。孙叔敖知道自己不久将死，今后无法再为母亲尽孝，回家后一直忧心忡忡。母亲问明情况后安慰了他，说他做了阴德善事，必得善报。果然孙叔敖不仅健康长大，而且成年后还位居宰辅，执政楚国。两则善书故事都是在宣扬善行得善报的宗教伦理思想。

道教善书提倡的善是什么呢？善其实就是人道伦理，是忠孝仁义等人伦道德，践行人伦道德就是为善。简单地说，它主要包括了两个层面：一是个人修养层面，要涵养个人内在的善良品质，即做好"正己"的功夫；二是交往处世层面，要仁爱他者，做济世利他的事。善与恶是相对立的，积善的同时要除恶。奉行善道、除却恶行，就可以获福报、得余庆。坚定地奉行善道，成为善人，就能得天道的护佑，"福禄随之，众邪远之，神灵卫之，所作必成，神仙可冀"[1]。道教善书记载神仙赤松子曾说："为九百善，出圣人；为一千善，出群仙。"[2] 这样就把仙道的理想追求与人道的伦理实践有机结合起来，形成道教"积善成仙"的仙道伦理。

道教善书为世人指明的成仙路径是行善积德，即所谓"积善成仙"。但这一观念并非善书首创。自古以来，道教典籍中就把

---
1 2 《劝善书注译》，第40页、第8页。

积善立功与修道成仙紧密联系起来。比如早期道教经典《老子想尔注》讲到古仙士宝精长生,须"百行当修,万善当著"[1],东晋葛洪《抱朴子内篇》也强调"人欲地仙,当立三百善;欲天仙,立千二百善"[2]。后世的道教善书,继承了这一思想,并大力提倡。

首先,慈惠万物、好生恶杀的生命观。道教本是追求长生的宗教,贵生、重生的生命观为道教善书继承。《太上感应篇》云:"昆虫草木,犹不可伤。"[3]《文昌帝君阴骘文》提倡"或买物而放生,或持斋而戒杀,举步常看虫蚁,禁火莫烧山林""勿登山而网禽鸟,勿临水而毒鱼虾"[4],对生命万物给予了强烈的现世关怀,慈惠万物、好生恶杀的生命观体现得淋漓尽现。天地之间,无论多么卑微的生物,都不能随意伤害,好生之德是善人的底色和最基本的品性。

其次,忠孝仁义等道德教化论。道教善书将儒家提倡的忠孝仁义等人伦道德与道教持守的宗教规诫结合起来,以仙道理想为引导,对世人劝善教化。《太上感应篇》共列出了二十条善行,如忠孝友悌、敬老爱幼等,总括起来都不过是对忠孝仁义等人伦道德、纲常伦理的践行而已。同时它还列出了一百六十条的恶行,并以道教神灵,如天庭中的司过之神、人头顶之上的三台北斗神君、人身之中的三尸神等为监督,对世人的善行、恶行进行记录,

---

1 《老子想尔注校证》,第27页。
2 《抱朴子内篇校释》,第53页。
3 4 《劝善书注译》,第39页、第56页。

使得善恶昭彰、无所逃隐，以此作为其寿夭祸福的依据。道教善书《太微仙君功过格》假托道教神君太微仙君降授功格三十六条，过律三十九条，让修真之士遵行，"依此行持，远恶迁善，诚为真诚，去仙不远矣"[1]。

再次，善恶报应说。道教本有"承负"说，早期道经《太平经》就系统阐述了这一思想。前为"承"，后为"负"，主旨是讲前人为善，后人亦有福荫，前人为恶，则后人将无辜受殃。道教善书继承了这一思想，并吸纳佛教因果业报学说，将善恶报应思想贯穿始终。《太上感应篇》开篇即云："祸福无门，惟人自召，善恶之报，如影随形。"[2]《觉世经》宣扬："报应昭昭，不爽毫发。"[3]《太微仙君功过格》也云："积善则降之以祥，造恶则责之以祸。"[4]善行、恶行由神灵监督记录，奖善罚恶由神灵决断执行，使得其劝世教化具有了终极的至上性和强大的威慑力。

明清以来，在道教日益深入世俗生活的新形势下，道教善书的通俗性印证着道教走向世俗化。反过来，道教善书的大流行又进一步推动了道教世俗化，并强化了三教融合的趋势，其强烈的现实关注与伦理色彩，使其在封建社会后期的世俗道德生活中扮演了重要角色。

---

1 2 3 《劝善书注译》，第101页、第37页、第119页。
4 《劝善书注译》，第101页。

参考文献

典籍著作类：

[1] 道藏[M].北京：文物出版社；上海：上海书店；天津：天津古籍出版社，1988.

[2] 藏外道书[M].成都：巴蜀书社，1994.

[3] 中华道藏[M].北京：华夏出版社，2004.

[4] 胡厚宣.甲骨文合集释文[M].北京：中国社会科学出版社，1999.

[5] 陈国符.道藏源流考[M].北京：中华书局，1986.

[6] 陈垣.道教金石略[M].北京：文物出版社，1988.

[7] 卿希泰.中国道教史[M].修订本.成都：四川人民出版社，1996.

[8] 任继愈.中国道教史[M].上海：上海人民出版社，1990.

[9] 饶宗颐.老子想尔注校证[M].上海：上海古籍出版社，1991.

[10] 胡孚琛.道学通论[M].修订版.北京：社会科学文献出版社，2018.

[11] 顾颉刚.秦汉的方士与儒生[M].上海:上海古籍出版社,2005.

[12] 陈寅恪.陈寅恪史学论文选集[M].上海:上海古籍出版社,1992.

[13] 余英时.东汉生死观[M].侯旭东,等译.上海:上海古籍出版社,2005.

[14] 李昉,等.太平广记[M].北京:中华书局,1986.

[15] 葛兆光.道教与中国文化[M].上海:上海人民出版社,1987.

[16] 丘处机集[M].济南:齐鲁书社,2005.

[17] 王重阳集[M].济南:齐鲁书社,2005.

[18] 辛弃疾全集汇编点校[M].武汉:崇文书局,2012.

[19] 杜预.春秋左传集解[M].上海:上海人民出版社,1977.

[20] 袁珂.山海经校注[M].上海:上海古籍出版社,1980.

[21] 程俊英.诗经译注[M].上海:上海古籍出版社,1985.

[22] 朱谦之.老子校释[M].北京:中华书局,2000.

[23] 程树德.论语集解[M].北京:中华书局,1990.

[24] 王先谦.庄子集解[M].北京:中华书局,2012.

[25] 王先谦.荀子集解[M].北京:中华书局,1988.

[26] 王明.太平经合校[M].北京:中华书局,1960.

[27] 王明.抱朴子内篇校释[M].北京:中华书局,1985.

[28] 李泽厚.美学三书[M].天津:天津社会科学院出版社,

1996.

[29] 陈来. 古代宗教与伦理：儒家思想的根源 [M]. 北京：生活·读书·新知三联书店，2009.

[30] 王晖. 商周文化比较研究 [M]. 北京：人民出版社，2000.

[31] 徐复观. 中国人性论史：先秦篇 [M]. 上海：上海三联书店，2001.

[32] 胡守为. 神仙传校释 [M]. 北京：中华书局，2010.

[33] 杨启樵. 明清皇室与方术 [M]. 上海：上海书店出版社，2004.

[34] 游子安. 劝化金箴：清代善书研究 [M]. 天津：天津人民出版社，1999.

[35] 张君房. 云笈七签 [M]. 北京：华夏出版社，1996.

[36] 张光直. 中国青铜时代 [M]. 北京：生活·读书·新知三联书店，1999.

[37] 李零. 中国方术考 [M]. 修订本. 北京：东方出版社，2001.

[38] 唐大潮，等. 劝善书注译 [M]. 北京：中国社会科学出版社，2004.

[39] 蒲松龄. 聊斋志异 [M]. 北京：中华书局，2015.

[40] 张三丰. 张三丰全集 [M]. 杭州：浙江古籍出版社，1990.

[41] 王永平. 道教与唐代社会 [M]. 北京：首都师范大学出版社，2002.

[42] 姜生，郭武. 明清道教伦理及其历史流变 [M]. 成都：四

川人民出版社，1995.

[43] 姜生.汉帝国的遗产：汉鬼考[M].北京：科学出版社，2016.

[44] 齐心.北京元代史迹图志[M].北京：北京燕山出版社，2009.

[45] 中国古典戏曲论著集成：第三册[M].上海：中国戏剧出版社，1959.

[46] 曹雪芹，高鹗.红楼梦[M].北京：人民文学出版社，1982.

其它类：

[1] 赵雷.战国至汉初神仙观念的演变[J].西北民族大学学报，2007，(4):41-45.

[2] 李斌城.唐人的神仙信仰[A].中国唐史学会第五届年会论文，1992.

[3] 杨军.燕齐方术"仙人"形象溯源[J].烟台师范学院学报（哲学社会科学版），2002，19(2):30-34.

[4] 郑杰文.方仙道的产生和发展[J].中国道教，1990，(3):30-34.

[5] 刘惠琴.引儒入道——寇谦之对北方天师道的改造[J].敦煌学辑刊，2000，(1):108-113.

[6] 李刚.隋炀帝与道教[J].世界宗教研究，2006，(1):45-54.

[7] 谭敏. 唐末五代道教小说中的隐仙 [J]. 四川师范大学学报（社会科学版），2010，37(5):68-73.

[8] 赵宗诚. 北宋诸帝与道教 [J]. 宗教学研究，1992，(Z1): 37-45.

N